LEUPHANA

Institut für Stadt- und
Kulturraumforschung

Lüneburger Geographische Schriften

Band 1

Kreativwirtschaft in Hamburg

Lüneburger Geographische Schriften
Band 1

Ines Höpner-Nottorf

Kreativwirtschaft in Hamburg
Raumbedürfnisse und Raumangebote am Beispiel der
Themenimmobilie Karostar und des Oberhafens

Institut für Stadt- und Kulturraumforschung
Martin Pries (Hrsg.)

Lüneburg 2013

© 2013 Institut für Stadt- und Kulturraumforschung (IfSK)
Leuphana Universität Lüneburg
Scharnhorststraße 1, 21335 Lüneburg

Gekürzte und überarbeitete Fassung der im Studiengang Angewandte Kulturwissenschaften am 20. Februar 2012 eingereichten Magisterarbeit

Redaktion, Layout, Satz und Kartographie: Sabine Arendt

Herstellung und Verlag: BoD – Books on Demand, Norderstedt

ISBN 978-3-7322-6352-3

Bibliografische Information der Deutschen Nationalbibliothek: Die Deutsche Nationalbibliothek verzeichnet diese Publikation in der Deutschen Nationalbibliografie; detaillierte bibliografische Daten sind im Internet über www.dnb.de abrufbar.

Inhalt

Vorwort

Schon wieder eine neue Schriftenreihe? Ist es nicht langsam genug?

Wir meinen Nein. Viele herausragende Abschlussarbeiten unserer Studierenden „verstauben" im Archiv oder in der örtlichen Bibliothek, sodass sie nur schwer oder gar nicht zu finden und für die Öffentlichkeit nicht verfügbar sind. Dabei dokumentieren die Arbeiten sehr beachtenswerte Forschungsergebnisse. Oft werden auch Fragestellungen bearbeitet, die sich nicht in die derzeitigen Forschungsschwerpunkte großer Institute einreihen lassen. Damit diese wertvollen Beiträge zu ausgewählten Themenbereichen nicht verloren gehen, erscheint nun der erste Band der Lüneburger Geographischen Schriften.

Die Originalität dieser Arbeit liegt in einer Umkehrung der Perspektive: Statt nur über die kreative Klasse zu schreiben und ihre Aktionsräume zu identifizieren, werden die Kreativen selbst und ihre Erwartungen an Arbeitsräume zum Untersuchungsgegenstand. Was wollen sie eigentlich? Sind es wirklich die angesagten Stadtviertel, die sie suchen und wo sie als Pioniere Gentrifizierungsprozesse auslösen?

Die Autorin der vorliegenden Studie kommt zu interessanten Ergebnissen.

Martin Pries
Lüneburg, August 2013

1 Einleitung

„Du kannst Kunst in die Deichtorhallen stellen – kein Problem. Kunst sieht da schön aus. Das erfüllt seinen Zweck und schafft Mehrwert. Stellst du aber einen Künstler in die Deichtorhallen, passiert nichts. Er ist nutzlos in diesen High-End-Immobilien." (EXPERTENINTERVIEW 1a, 24.08.2011)

„But culture does matter to New York City's economy, and the City does depend on art and culture not only for quality of life but also for jobs and revenue. Culture is an employer [...] that helps the City draw workers and businesses that seek out places with a vibrant creative community and the amenities it provides." (CURRID 2007: 48-49)

Die Kreativwirtschaft – für Stadtplaner der deutschen und globalen Metropolen ist sie erst seit kurzer Zeit ein aktuelles Thema. Eine Vernachlässigung dieses Wirtschaftssektors kann für Städte jedoch negative Konsequenzen bedeuten, denn die Kreativwirtschaft hat sich laut Bundesministerium für Wirtschaft und Technologie (BMWT) mit 2,6 % des Bruttoinlandsprodukts (BIP) zu der drittwichtigsten Branche in Deutschland entwickelt (vgl. SÖNDERMANN 2010: 8; Anhang 1). Wenn Raumansprüche der Kreativen in der Stadtplanung nur unzureichend berücksichtigt werden, können die Folgen sowohl eine verpasste Möglichkeit, das hohe Kreativpotenzial einer Stadt als Image zu etablieren, als auch tatsächliche wirtschaftliche und steuerliche Einbußen sein. So rücken seit dem Wandel zur globalen Dienstleistungs- und Wissensökonomie die Kreativen zunehmend in den Fokus der Stadtplaner und -lenker. Die Kreativwirtschaft ist weit weniger in ihren ökonomischen und arbeitsspezifischen Ansprüchen und Zielen untersucht oder charakterisiert worden, als es bspw. bei Branchen der primären und sekundären Wirtschaftssektoren der Fall ist. Das Selbstverständnis der Kreativwirtschaft äußert sich jedoch nicht nur in ihrer ökonomischen Leistung, sondern auch in der Heterogenität der Akteure, die das Sozial- und Raumgefüge[1] einer Stadt aufgrund ihrer Wahl

---

1   In dieser Arbeit wird der Raum sowohl im Verständnis einer geographischen Maßeinheit als auch als Gebäudeeinheit verwendet. Zu einer weiterführenden theoretischen Erläuterung des (kulturgeographischen) Raumbegriffes vgl. u. a. DÖRFLER 2010: 37-39, DÖRFLER 2011: 96, GLASZE/MATTISSEK 2009 und HARD 2008: 267-270.

des Arbeitsstandortes beeinflussen können. Dies konnte in Hamburg bereits festgestellt werden: So nahmen Akteure aus dem Bereich Kreativwirtschaft mit der Besetzung der gründerzeitlichen Gebäude des *Gängeviertels* eine eigenständige, gestaltende Rolle in der Stadtentwicklung ein. Das Schanzenviertel gewann mit der Ansiedlung von Kreativen an Attraktivität und die Gebäude sukzessive an Wert. Für Städte und Kommunen ist es daher von Bedeutung, die Wünsche und Anforderungen, die die Kreativwirtschaft an ihren Arbeitsraum stellt, genau zu kennen.

Die Untersuchung der Ansprüche im Bereich Kunstmarkt an den kreativen Arbeitsraum ist Kern dieser Arbeit. Sie konzentriert sich auf die Frage, welche Kriterien Räume aufweisen müssen, um Künstlern ein optimales Arbeitsumfeld gewährleisten zu können – ein Blickwinkel, der in den erschöpfend vorhandenen Arbeiten zur Kreativwirtschaft bisher zu wenig berücksichtigt wurde. In der Regel erfolgt eine Raumbewertung Top-Down (z. B. aus universitärer Forschungssicht oder aus stadtplanerischer Perspektive). In dieser Arbeit werden erstmalig ausschließlich die Künstler zu ihren Bedürfnissen befragt. Mit Hilfe leitfadengestützter Experteninterviews mit Hamburger Akteuren der Kreativwirtschaft werden die Raumansprüche eruiert. Aus den Antworten und Erfahrungsberichten der Experten kann anschließend ein Bedürfnis-Kriterienkatalog entwickelt werden. Anhand dieses Kriterienkatalogs werden zwei Hamburger Raumangebote auf ihre Tauglichkeit hinsichtlich der Nutzung durch Kreative überprüft: das Musikhaus Karostar in St. Pauli und der Hamburger Oberhafen. Das Karostar ist als Konzept- oder Themenimmobilie neu konstruiert und gezielt in einem Hamburger Szeneviertel errichtet worden und unterliegt einer gezielten städtischen Verwaltungssteuerung. Das Gelände des Oberhafens hingegen ist ein sukzessiv von Kreativunternehmen erschlossener Raum, der in den jüngeren Hamburger Bebauungsplänen nicht berücksichtigt wurde und mit einem bereits Jahrzehnte alten Lagerhallenbestand aufwartet. Anhand der Analyse können praktische Bewertungsgrundlagen geschaffen werden, die sich von reinen stadtplanerischen Utopien und Prognosen absetzen.

2 Kreativwirtschaft

2.1 Definitorische Grundlagen

Die Kreativwirtschaft ist der „Hoffnungsträger" (BECKER 2010: 72), der „neue vierte Wirtschaftssektor" (KRÄTKE 2010: 837), der „Wissensträger" (GROWE 2009), das „Talent" (FLORIDA 2002), der „Motor für die Minderung der Flächeninanspruchnahme" (BECKER 2010: 71), die „Vorreiterrolle auf dem Weg in eine wissensbasierte Ökonomie in Deutschland" (SÖNDERMANN/BACKES/ARNDT/BRÜNINK 2009b: 3). Kreativwirtschaft soll auch für „nicht miteinander in Verbindung stehende belagernde Gruppen" (KRÄTKE 2010: 836) der postindustriellen Großstädte stehen.

Nahezu jede Publikation, die sich mit der Kreativwirtschaft auseinandersetzt, legt eine eigene Definition zu Grunde. So werden z. B. relativ beliebig Kreativbranchen mit ein- oder ausgeschlossen, unterschiedliche Bildungsabschlüsse vorausgesetzt und diversifizierte urbane Raumnutzungen zu Grunde gelegt. Auch verschwimmen immer wieder die verwendeten Termini: kreative Klasse, Creative Class, kreatives Milieu, Kreativwirtschaft, Kulturwirtschaft, Kreativökonomien, Kreativindustrie oder Creative Industries. Dies ist zum einen der grundsätzlichen Diversität der Kreativschaffenden und künstlerischen Unternehmen geschuldet, zum anderen auch der grundsätzlichen jungen wissenschaftlichen Untersuchung, die sich noch nicht abschließend auf einen gemeinsamen Begriff einigen konnte.

RICHARD FLORIDA eröffnete 2002 die Diskussion mit seiner Abhandlung *The Rise of the Creative Class. And How It's Transforming Work, Leisure, Community and Everyday Life*. Er stellte fest, dass nicht mehr *man power* der industriellen Beschäftigung für die wirtschaftliche Prosperität wichtig ist. Die moderne Dienstleistungsgesellschaft wird von innovativen Ideen und Kreativität angetrieben. Er fand u. a heraus, warum bestimmte Räume (z. B. das Silicon Valley) eher Kreative attrahieren als andere Regionen. Seine Hauptthese lautet: Die Kreativwirtschaft präferiert einen Ort, der eine Atmosphäre der Toleranz, Offenheit und kulturellen Vielfalt aufweist.

Die Akteure der Kreativwirtschaft grenzt FLORIDA als *Talente* ein, zu denen auch IT-Spezialisten gehören.[2] Die *Talente* gehören zu den drei *T*: Technologie, Talent und Toleranz. In prosperierenden Regionen seien alle drei *T* vertreten. Als Beispiele benennt FLORIDA eine Anzahl US-amerikanischer Regionen. Baltimore, St. Louis und Pittsburgh können trotz ihrer großen Technologie-Reservoirs und gerühmten Universitäten kein äquivalentes Wachstum vorweisen. Diesen Regionen mangelt es laut FLORIDA an Toleranz und kultureller Offenheit (vgl. FLORIDA 2002: 250), ein Umstand, der Kreative abschrecke. Miami und New Orleans erreichen auf dem High-Tech-Index auch keine hohen Positionierungen, obwohl sie genau den eben beschriebenen Mangel kompensieren. Ihnen fehlt wiederum die technologische Basis. Die erfolgreichsten Regionen der USA sind demnach das Gebiet der San Francisco Bay, Washington D.C., Austin und Seattle. Alle drei *T* kommen an diesen Orten gleichermaßen ausgeglichen vor (vgl. ebd.).

Die Amerikanerin ELIZABETH CURRID untersuchte 2007 aufbauend auf FLORIDAS Grundannahmen in *The Warhol Economy – How Fashion, Art and Music Drive New York City*, warum die Kreativwirtschaft in den USA vor allem in New York floriert. CURRID argumentiert, dass die Anzahl der Kreativszenen für städtische Strukturen entscheidend ist, weil die einzelnen Kreativbranchen nicht isoliert arbeiten, sondern aufgrund eines hohen Fühlungsfaktors miteinander kooperieren. Sie fand heraus, dass zwischen den Graffiti-Artists, Designern, Fashion-Artists, bildenden Künstlern und Musikern der New Yorker Kunstszene aufgrund der räumlichen Konzentration und Nähe Projektkooperationen sowie ein soziales Netzwerk entstanden. Der Wert von Kunstprodukten entstehe heute somit häufig nicht mehr durch den konventionellen Produktionsweg der Galerien und Kunsthändler, sondern durch künstlerinterne Rezensionen, Bewertungen und Weiterempfehlungen. Dementsprechend bedeute Kreativwirtschaft (in New York) ein Pool an kooperierenden Kreativen, die sich, begünstigt durch Raumeigenschaften, treffen, interagieren, mobilisieren und dabei gleichsam ökonomische Risiken auf viele Schultern verteilen (vgl. CURRID 2007: 114; 117). Mit dem *Location Quotient* liefert sie zudem ein Tool, die Konzentration der Kreativwirtschaft in Regionen miteinander vergleichen zu können (s. Kapitel 2.3.2).

---

2   In Deutschland kommen dem Begriff des *Talents* die Fachkräfte am nächsten.

SUSAN GALLOWAY und STEWART DUNLOP weisen ein sehr weit gefasstes Verständnis von Kreativwirtschaft auf und nutzen den synonym verwendeten Begriff *Kulturindustrie*. Sie gehen davon aus, dass die Akteure der Kulturindustrien Produkte mit symbolischer Bedeutung generieren und kommunizieren, die irgendeine Art des geistigen Eigentums beinhalten (vgl. GALLOWAY/ DUNLOP 2007: 21).

Schwachstellen dieser Festlegungen der Kreativwirtschaft haben u. a. auch BASTIAN LANGE und HANS-JOACHIM BÜRKNER erkannt. Sie grenzen die Zugehörigkeit zur Kreativwirtschaft stärker ein, indem sie näher bestimmen, welche Berufsgruppen der Kreativwirtschaft zuzuordnen sind. LANGE/BÜRKNER kategorisieren die Kulturwirtschaft anhand von Künstlern der Musik und Literatur, des Buch- und Pressemarktes, Kunst, Design, Film und Fernsehen, Theater und Architektur. Sie zählen wie FLORIDA die IT- und Computerspielindustrie sowie Werbetreibende der Kulturwirtschaft hinzu (vgl. LANGE/ BÜRKNER 2010: 49). TOBY MILLER unterscheidet die Kreativen in *humdrum workers* (Bezug auf dt.: alltägliche, eintönige Arbeit) und *artistic workers* (Bezug auf dt.: künstlerische Arbeit). Für erstere ist die rechtmäßige Entlohnung wichtiger als das kreative Potenzial und vice versa (vgl. MILLER 2004: 59).

DIETER LÄPPLE kennzeichnet den Wandel der Bevölkerungsstruktur in der postfordistischen Stadt als Voraussetzung für die Etablierung einer kreativen Arbeitskultur – v. a. geprägt durch die „Erosion des ‚Normalarbeitsverhältnisses'" (LÄPPLE 2006: 25).

KLAUS OVERMEYER veröffentlichte in *Kreative Milieus und offene Räume in Hamburg* erstmals konkrete Raumuntersuchungen in den Niederlanden und in Hamburg. Er analysierte bereits existierende Kreativinseln und prognostiziert die zukünftige Entwicklung kreativwirtschaftlicher Nutzung von Hamburger Quartieren wie Altona oder Hammerbrook.

Die Erkenntnisse der Autoren zeigen ein weites Spektrum der Kreativwirtschaft auf. An diesen Publikationen wird ersichtlich, dass die Literatur auf einer relativ abstrakten, theorienahen Ebene stagniert. Sie konzentrieren sich vorrangig auf soziologische Aspekte des Phänomens. Die Vielzahl der Ansätze in einen Definitionsrahmen zu gießen oder unter einem Oberbegriff zusammenzufassen, scheint kontraproduktiv. Es ist dennoch wichtig, die Kreativwirtschaft für diese Arbeit soweit einzugrenzen und zu kategorisieren, dass die Raumbedürfnisse dieses Milieus a posteriori klar herausgearbeitet werden können. Auch wenn der Begriff der Kreativwirtschaft bereits vor 2002 erwähnt wird,[3] definierte FLORIDA die Kreativwirtschaft folgendermaßen:

> *„I define the core of the Creative Class to include people in science and engineering, architecture and design, education, arts, music and entertainment, whose economic function is to create new ideas, new technology and/or new creative content. […] In addition, all members of the Creative Class – whether they are artists or engineers, musicians or computer scientists, writers or entrepreneurs – share a common creative ethos that values creativity, individuality, difference and merit."* (FLORIDA 2002: 8)

Kreativwirtschaft ist demnach durch die Akteure definiert. Dies sind alle kreativ arbeitenden Menschen – nicht nur Künstler, Designer und Musiker, sondern auch IT-Spezialisten, Naturwissenschaftler und Ingenieure. MICHAEL SÖNDERMANN erarbeitet im Auftrag der Bundesregierung die Forschungsberichte zum Stand der deutschen Kreativwirtschaft. Er veröffentlichte einen weiteren Definitionsansatz, der eher zu einem für diese Arbeit geeigneten Ansatz hinführt. Dabei

> *„[…] umfassen die creative industries alle Unternehmen und Selbstständigen, die erwerbsmäßig (d. h. mit Gewinnerzielungsabsicht) kulturelle Güter produzieren, vermarkten, verbreiten oder damit handeln, Kulturgüter bewahren und in einer privaten Rechtsform organisiert sind."* (SÖNDERMANN 2007: 8, zit. nach LANGE/BÜRKNER 2010: 49)

Mit dieser Definition gelingt es SÖNDERMANN eine für Deutschland passendere Abgrenzung herzuleiten, die sich an der Geschäftsform und dem Distributionsweg als Definitionsgrundlage orientiert. Auf dieser Grundlage wird in Kapitel 2.1.2 eine eigene Definition herausgearbeitet.

---

3   Wie GALLOWAY/DUNLOP darlegen, nutzten bereits HORKHEIMER/ADORNO den Begriff *cultural industries*, um die industriell produzierten Unterhaltungsmedien wie Rundfunk, Film und Musikwirtschaft von den subventionierten Künsten wie Performance Kunst, Museen und Galerien unterscheiden zu können (vgl. GALLOWAY/DUNLOP 2007: 18).

2.1.1 Kritik am Verständnis der Kreativwirtschaft

Das Konzept der Kreativwirtschaft wird von verschiedenen Autoren auch grundsätzlich hinterfragt. Die stark heterogenen Betriebe und Kleinunternehmen aus verschiedenen Branchen, die unterschiedliche Waren und Dienstleistungen anbieten, mit einem Begriff zu bündeln, bietet eine Reihe von Angriffspunkten. CURRID gibt zu bedenken, dass eine Kategorisierung nach Berufsgruppen für eine Einordnung der Kreativwirtschaft schwerfällt, weil gerade Kreative oft in mehreren Okkupationsstatistiken verzeichnet sind. So kann ein Schauspieler in New York nach staatlichem Zensus als eben dieser gezählt werden oder er gilt nach dem *Bureau of Labour Statistics* seinem Zweitjob entsprechend als Kellner (vgl. CURRID 2007: 215). Bei einigen Studien werden sogar Handwerker zur Kreativwirtschaft gezählt (vgl. BECKER 2010: 78).[4] ANDREAS JOH kritisiert die Daten- und Zensusgrundlage, die FLORIDAS Erkenntnissen zugrunde liegen. Die verwendeten Datensätze fußen auf den veralteten Arbeitsmarkterhebungen aus der Zeit des Dotcom-Booms vor seinem Zusammenbruch (vgl. JOH 2006: 9; MILLER 2004: 60). STEFAN KRÄTKE dekonstruiert die unreflektierte Annahme einer Überlegenheit der Kreativwirtschaft gegenüber etablierten Ökonomien (wie z. B. den *FIRE*-Ökonomien: Finanz-, Versicherungs- und Immobilienwirtschaft), indem er erklärt, die Kreativwirtschaft habe keinen messbaren signifikanten Einfluss auf den Erfolg von urbanen Regionen, stabile Ökonomien zu entwickeln (vgl. KRÄTKE 2010: 849). Die theoretischen Abhandlungen gehen zudem unkritisch davon aus, dass Kreativwirtschaft ein unaufhörliches, immer weiter steigendes Wachstum für Städte bedeutet:

> „the current hype [...] is propelled forward by the hope that creativity will save the urban post-industrial downturn (and the anxiety that this may not take place). In that sense, the discourse on the creative industries is [...] used to pacify anxious minds and conjure up cities of affluence."
> (VAN HEUR 2010: 129)

---

4   Zwar wird handwerklichen Problemen durchaus mit kreativen Lösungswegen begegnet, die tägliche Arbeit liegt jedoch in der rituellen Anwendung von Werkzeugen und nicht in der Entwicklungen von Innovationen und einmaligen Produkten.

BAS VAN HEUR glaubt zudem nicht an die stringente, wirtschaftliche Orientierung der Kreativwirtschaft (vgl. ebd.: 12-15). Ihre kreative Entfaltung sei wichtiger als Gewinnmaximierung oder einen Mehrwert für die Stadt zu produzieren. Urbane Prosperität ist in Deutschland zudem nicht ausschließlich den Kreativclustern anzurechnen.[5] Hat die Kreativwirtschaft Anteil am gesamtwirtschaftlichen Erfolg, so erfolgt dies nur in großstädtischen Räumen, nicht in Kleinstädten oder gar Dorfstrukturen (vgl. KRÄTKE 2010: 845). Die Akteure werden auch aufgrund ihres hohen Bildungsabschlusses der Kreativwirtschaft zugeordnet. Diese Beschränkung auf *High Potenzials* schließt Quereinsteiger aus, die jedoch oftmals kreative Innovationsträger sind, so auch einer der in dieser Arbeit befragten Experten (vgl. OVERMEYER 2010: 23). Die drei *T* werden in dieser Studie nicht untersucht oder in der Raumanalyse angewendet. V. a. „Toleranz" an einem *Gay-Index* abzulesen, ist angreifbar und kaum auf jeden Kulturkreis übertragbar. FLORIDA fokussiert seine Studien ausschließlich auf den amerikanischen Raum[6], die deutschen Meso- und Mikroregionen spielen in seinem Forschungshorizont keine Rolle. Er bewertet das Theorem der kreativwirtschaftlichen Arbeit und deren Akteure als grundsätzlich gegeben und positiv.

2.1.2 Definition der Kreativwirtschaft

Der vorliegenden Untersuchung wird folgende Definition der Kreativwirtschaft zugrunde gelegt:

Zur Kreativwirtschaft zählen kleine und mittelständische Unternehmen oder Selbstständige, die überwiegend projektbasiert Einkommen aus ihrer kreativen Leistung erwirtschaften. Diese Kreativleistung beinhaltet gestaltende Manufaktur mit Materialien für und mit Kulissenbau und Installationen, aber auch Streetartists oder Musiker. Dazu gehören außerdem Dienstleister der Kunsterziehung, der Musikbranche, des Medien- und Produktdesigns sowie Ateliers. Kreative Akteure sind innovativ und gestalten in der Regel jeden

---

5   Besonders nach der Finanz- und Wirtschaftskrise wurde der deutschen Unternehmenspolitik angerechnet, dass die Industrien des sekundären Sektors für Wirtschaftsstabilität sorgten. Die Exporte von Maschinenerzeugnissen oder Automobilprodukten sind mit ihrer positiven Exportbilanz ein wichtiger Bestandteil des deutschen Wohlstands.

6   FLORIDA zieht jedoch später auch globale Metropolen als Vergleich heran (vgl. FLORIDA 2005: 275).

Auftrag einmalig, individuell und spezifisch zugeschnitten. Die *No-Collar*-Beschäftigten[7] entwickeln unterschiedliche Gestaltungs- und Problemlösungen, anstatt sich wiederholende Anleitungen auszuführen. Aus dieser Untersuchung ausgeschlossen sind *Global Player* wie große Plattenlabel, Film- und DVD-Vertriebe, Hörfunk- und Fernsehanstalten.[8] *Majors* sind immobil und unflexibel und damit weniger lokal raumwirksam. Sie sind in dieser Untersuchung von kleinteiligen Regionen und Raumansprüchen einzelner Kreativer zu vernachlässigen. Auch werden in dieser Untersuchung IT-Start-up Unternehmen ausgeschlossen. Zwar ist diesen Unternehmen Kreativleistung keinesfalls abzusprechen und ein Spill-Over-Effekt für Regionen z. B. in Palo Alto im Silicon Valley nachweisbar. Die IT-Branche in Hamburg ist jedoch nicht in dem gleichen raumprägenden Ausmaß vertreten, wie es an der amerikanischen Westküste gegeben ist. Zudem entwickeln sich die IT-Branche und deren Raumaneignung zuallererst anhand technischer Innovationen und zweitrangig anhand kreativer Leistung. Sie werden – mit Ausnahme von Graphikdesignern und digitalen Bildbearbeitern – daher ausgeschlossen. Die Kreativen können als städtische Katalysatoren „eine kritische Masse entwickeln, die image- und standortprägend ist, die Sichtbarkeit im lokalen wie globalen Kontext erzeugt und eine starke öffentliche Anziehungskraft ausübt" (OVERMEYER 2010: 26).

2.2 Raumnutzung durch die Akteure der Kreativwirtschaft

2.2.1 Die Akteure der Kreativwirtschaft

Die Raumnutzung der Kreativwirtschaft ist je nach Akteursgruppe sehr unterschiedlich. Auch der Grad der Vernetzung untereinander variiert je nach Akteursgruppe. Die Bestimmung der relevanten Akteure orientiert sich in den

---

7   Der Ausdruck bezieht sich auf die Kragenfarbe der Arbeitsbekleidung im Zuge der Entwicklung und Veränderung der Arbeitswelt. *Blue-Collar* symbolisiert den Blaumann der Fließbandarbeiter, *White-Collar* steht für den weißen Kragen der Büroangestellten, schließlich indiziert *No-Collar* das moderne Arbeitsverhältnis, das sich durch informelle Kleidung auszeichnet (vgl. FLORIDA 2004: 120-122).

8   Global Player weisen selbstverständlich auch Raumwirkung auf. Dies geschieht jedoch z. B. anhand von Flaggschiff-Gebäuden, die Prestige und eine internationale Gewichtigkeit der Stadt indizieren.

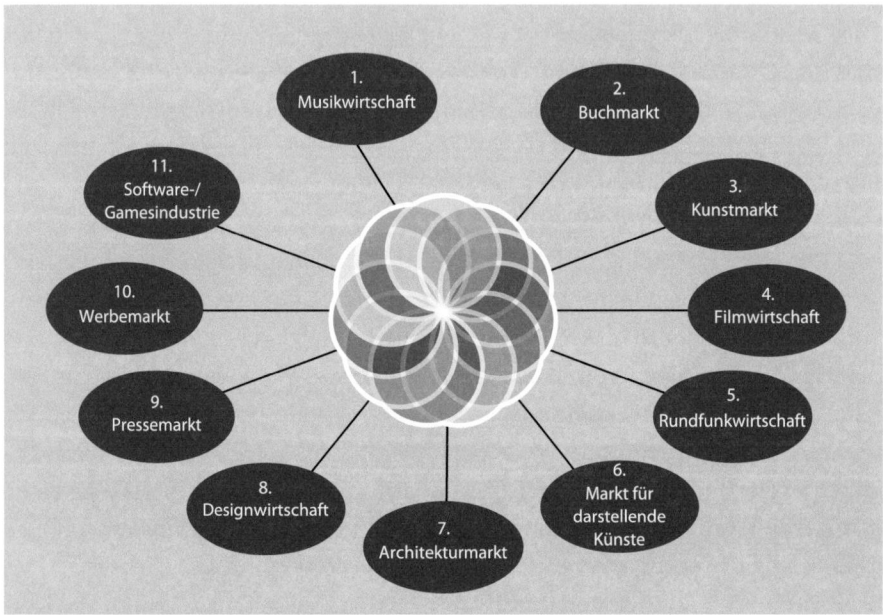

Abb. 1: Elf Teilmärkte der Kultur- und Kreativwirtschaft
Quelle: Eigene Darstellung, verändert nach SÖNDERMANN 2010: 3

meisten Publikationen an SÖNDERMANNS Untersuchung der Kreativwirtschaft in Deutschland, in der elf Teilbereiche der Kreativwirtschaft identifiziert werden (vgl. Abb. 1).[9]

Für diese Arbeit ist jedoch nicht diese klassische Einteilung nach Berufsfeldern geeignet, sondern die weniger verbreitete Kategorisierung nach Verwertungsebenen der Kulturprodukte.[10] So können Konflikte mit einer Zuordnung von Großunternehmen oder *Majors* (z. B. Pressemarkt, Rundfunkwirtschaft oder Werbemarkt) zu Teilmärkten vermieden werden. In Abb. 2 sind die aufeinander aufbauenden Verwertungsebenen der Kulturprodukte dargestellt.

---

9   KERSTIN HÖLZL liefert ergänzend einen Überblick, welche 16 Berufsgruppen auf europaweiter Ebene in den jeweiligen Ländern (u. a. Österreich, Finnland, Frankreich, Spanien und Ungarn) zu der Kreativwirtschaft hinzugezählt werden (HÖLZL 2007: 43).

10 Dieses Fünf-Ebenen-Modell der Kreativwirtschaft ist von der britischen Regierung entwickelt worden.

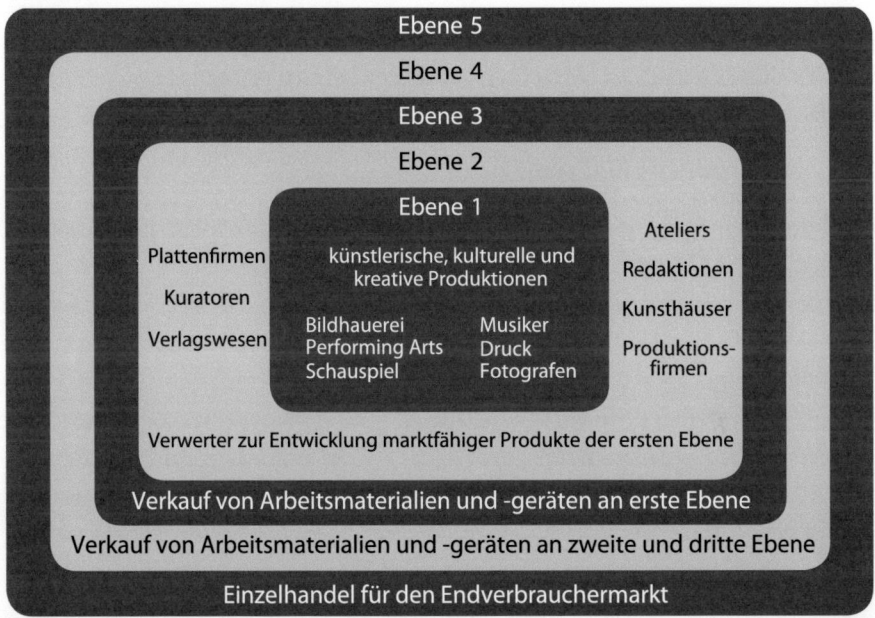

Abb. 2: Fünf Verwertungsebenen der Kreativwirtschaft
Quelle: Eigene Darstellung, verändert nach SÖNDERMANN ET AL. 2009a: 32

Die fünfte Verwertungsebene versorgt den Endverbraucher mit Produkten, sodass dieser die Kunstprodukte konsumieren kann. Dazu zählen z. B. Fernseher im Elektronik-Einzelhandel.

In den Ebenen drei und vier werden Unternehmen oder Selbstständige gelistet, die in der Wertschöpfungskette den kreativen Produzenten mit Materialien beliefern, die dieser für seine Arbeit benötigt, bspw. Druckplatten, Farben oder Werkzeug.

Die relevanten Akteure der Kreativwirtschaft mit ihren klein- oder mittelständischen Betrieben produzieren innerhalb der ersten beiden Verwertungsebenen (vgl. SÖNDERMANN et al. 2009a: 33). Deshalb konzentriert sich diese Analyse auf das Raumbedürfnis jener Akteure. Eine weitere Gruppe, die zu der ersten Verwertungsebene zählt, sind junge, flexible, kinderlose Hochschulabsolventen. In Anlehnung an die Bezeichnung der *Yuppies*[11] der 1980er Jahre wird an dieser Stelle der Vorschlag der Bezeichnung *young urban creative catalysts (Yuccies)* zulässig. Sie sind potenzielle Raum-Pioniere (s. Kapitel 2.2.3).

2.2.2 Künstler als Netzwerk

In Untersuchungen von CURRID, FLORIDA und OVERMEYER ist festgestellt worden, dass Milieuprozesse auf engstem Raum entscheidend für die Ansiedlung von Kreativen sind. Diese werden häufig unter dem Begriff des kreativen Milieus oder auch der kreativen Szene geführt. Es handelt sich dabei um eine kritische Masse an Akteuren mit ähnlichen ideellen und monetären Wertschöpfungssystemen. Sie wirken häufig als Transformationskatalysatoren für Stadtviertel (vgl. OVERMEYER 2010: 24-25). Kooperationen und wirtschaftlicher Mehrwert entstehen laut CURRID vor allem aufgrund von face-to-face Begegnungen. Dieser Sachverhalt ist interessant, weil zum einen diese kommunikative Netzwerkstruktur eine räumliche Konzentration a priori voraussetzt, zum anderen Kreative bei ihrer Standortwahl genau dieses kreative Milieu favorisieren. ROBERTO CAMAGNI zeigt den Mehrwert dieser lokalen kreativen Milieus für die Stadt v. a. bezüglich der Imagebildung auf:

> „[...] the set or the complex network of mainly informal social relationships on a limited geographical area, often determining a specific external ‚image' and a specific internal ‚representation' and sense of belonging, which enhance the local innovative capability through synergetic and collective learning processes." (*ROBERTO CAMAGNI, zit. nach OVERMEYER 2010: 23*)

Für Städte, die im Wettbewerb miteinander stehen, scheint es demnach wichtig zu sein, zu verstehen, dass Künstler die Nähe anderer Künstler suchen. Darauf aufbauend können auch Vorhersagen über Raumbedürfnisse der Kreativwirtschaft (bspw. bezüglich der Nachbarschaft) gemacht werden, die es zu überprüfen gilt. So spielt laut LANGE/BÜRKNER die Netzwerkreputation eine wichtige Rolle in der Vergabe von Aufträgen (LANGE/BÜRKNER 2010: 54). Ge-

---

11   KRÄTKE benutzt den Begriff *Bobos* (Bourgeois-Bohemians) synonym zu *Yuppies* (KRÄTKE 2010: 842).

spräche und Begegnungen, die eine gegenseitige Rezension der künstlerischen Arbeiten ermöglichen, entstehen in dieser räumlichen Nähe.

Hier greift auch das Prinzip der „strength of weak ties", wie MARK S. GRANOVETTER es in den 1970er Jahren entwickelte (vgl. GRANOVETTER 1973: 1361; CURRID 2007: 74-75). Er hatte sich in Abkehr von den vorherrschenden Untersuchungen nicht auf die *Strong-Ties*, also enge Freundschafts- und Familienbünde, sondern auf die schwachen Sozialverbindungen konzentriert, also der Freundeskreis eines Freundes oder regelmäßige berufliche Bekanntschaften. Er argumentiert, dass diese Verbindungen für das Erhalten neuer Aufträge oder Jobs deutlich wichtiger seien, als die engsten Freundeskreise, Geschäftspartner und Familien. Für GRANOVETTER ist räumliche Nähe und eine regelmäßige Begegnung eine hinreichende Bedingung, um als *Weak-Tie* zu gelten. So wird Nähe in der Stadt und in den Quartieren als Voraussetzung für Wissensvermittlung und Chance auf neue Projektarbeiten interpretiert. CURRID und HARVEY MOLOTCH/MARK TRESKON messen zudem der Clubszene und regelmäßigen Vernissagen, die in einem engen Radius stattfinden, einen sehr hohen Stellenwert bei und prognostizieren bei den Kreativen eine hohe Raumnachfrage in einem Stadtareal, das diese bieten kann (z. B. SoHo[12]; vgl. CURRID 2007: 43-44; 75; MOLOTCH/TRESKON 2009: 518). Ob in Hamburg diese weitverzweigten Bekanntschaften, also Weak-Ties, und das sozial belebte Umfeld eine so wichtige Stellung einnehmen und Entscheidungen für oder gegen einen Arbeitsraum beeinflussen, soll anhand der empirischen Untersuchung überprüft werden.

2.2.3 Auswirkung der Kreativwirtschaft innerhalb des Stadtgefüges

Revitalisierung städtischer Freiflächen der kreativ wirtschaftlichen Nutzung seit der postindustriellen Stadt

Die Stadt war in den letzten Jahrhunderten ein Spiegelbild der gesellschaftlichen und wirtschaftlichen Entwicklung der Nationen. In den Stadtzentren bedeutete die Industrialisierung des 19. Jahrhunderts ein Nebeneinander von

---

12   Akronym für *South of Houston Street*, ein New Yorker Viertel, das überregional das Image einer ausgeprägten Party- und Künstlerszene transportiert.

Wohnquartieren, Fabriken und Lagerhallen. Im Zuge der Urbanisierung suchte die Landbevölkerung in den Städten Arbeit mit der Folge einer Binnenverdichtung der Hausbebauung. In der Ära der fordistischen Massenproduktion ließ die Dominanz der Städte gegenüber dem Umland nach. Subzentren und Produktionsstätten in der Peripherie hatten aufgrund von Suburbanisierungsprozessen die räumliche Trennung von Wohnen und Arbeiten zur Folge. Mit der Globalisierung in der zweiten Hälfte des 20. Jahrhunderts gerieten Städte nicht nur in globalen Wettbewerb, mit der Informationstechnologie änderte sich auch die klassische Industriearbeit hin zu einer dienstleistungsgeprägten Arbeitswelt. Tägliche Arbeit am Fließband wird in der postfordistischen Ära durch flexible Arbeitsverhältnisse mit *No-Collar*-Strukturen ersetzt. Inzwischen gehört Fabrikarbeit in den Innenstädten weitestgehend der Vergangenheit an (vgl. MERKEL 2010: 26-27). Die Folge ist der Leerstand alter Hallen und Werkanlagen, ehemaliger Schlachthöfe oder Bahngelände.[13]

Ein nachhaltiger Nutzungswandel der Flächen erfolgte insbesondere in den Hafenstädten. Die Industriehafenstadt des beginnenden 20. Jahrhunderts, geprägt durch die Ansiedlung von Wirtschaftsunternehmen mit transportintensiven Gütern, wartet mit großzügigen Lagerflächen, Dockhallen und Warenlagern auf (vgl. ZEHNER 2008: 272; HEINEBERG 2006: 248; 349-350). Diese Stauräume wurden mit der Containerisierung seit den 1960er Jahren hinfällig, da die modernen Containerschiffe mit ihrem größeren Tiefgang die Hafenbecken nicht mehr erreichen konnten. Innenstadthäfen wurden in der Regel durch flussabwärts gelegene Containerhubs ersetzt.

Die Zugänge zu den alten, verfallenden Hafenvierteln sind oft erschwert, da Gleistrassen oder mehrspurige Ringstraßen die Stadt vom Hafen trennen. Auch aus diesem Grund gerieten die Brachflächen des Hafens erst in den 1980er Jahren in den Fokus der Stadtplaner. Inzwischen werden die brachliegenden, nicht mehr industriell genutzten Flächen einer neuen Nutzung

---

13   Ein anschauliches Beispiel sind die Fabrikgebäude der Phoenix in Harburg. Die Hallen der ehemaligen Kautschukfabrik beherbergen heute die Kunstsammlung Harald Falckenbergs.

zugeführt, die u. a. durch Kreativwirtschaft katalysiert werden soll.[14] Als ein stadtplanerisches Entwicklungsinstrument zur Revitalisierung von attraktiven Wasserkanten dienten häufig „Komponenten der Festivalisierung" (PRIES 2006: 27; PECHLANER/LANGE 2009: 87) wie Urban Entertainment Center mit Aquarien, Museen oder Multiplex-Kinos. Unabhängig von städtischer Steuerung erfahren diese Flächen auch eigenständige Entwicklungsimpulse durch Kreative, die tendenziell eher bereit sind, Standortnachteile in Kauf zu nehmen. So nutzen z. B. Kreativ-Pioniere in Tallinn die verfallene Zone zwischen Innenstadt und Wasserkante. Ein früheres Heizwerk dient als Raum für ein eigenständiges Museum; ein stillgelegter Doppeldeckerbus wird von den Künstlern als erstes meerseitiges Café betrieben (vgl. SCHULZ-OJALA 2011). Dieses Beispiel zeigt, dass das Engagement der Kreativwirtschaft zur Revitalisierung von städtischen, durch Wandel entstandenen großräumigen Brachflächen führen kann.

Revitalisierung von Quartieren in der postmodernen Stadt

Neben Revitalisierungsimpulsen für große (Brach-)Flächen bewirken Kreative auch in bewohnten und erschlossenen Quartieren Veränderungen. Ein häufig dokumentiertes Phänomen ist die Gentrification von Stadtbezirken. Etymologisch geht der Begriff auf den englischen niederen Adel – engl.: *gentry* – zurück. Gentrification bedeutet den Austausch einer einkommensschwachen, statusniederen Bevölkerungsgruppe durch eine solventere, meist statushöhere Bevölkerungsgruppe und bezieht sich i. d. R. auf einen abgrenzbaren Raum von mehreren Gebäuden in der Stadt (vgl. KRÄTKE 2010: 842; BÄHR/JENTSCH/ KULS 1992: 794; OVERMEYER 2010: 23; HEINEBERG 2006: 20). Ein Gentrifizierungsprozess lässt sich in drei Phasen unterteilen (vgl. KUNZMANN 2006: 6; PRIES 2008: 114):

---

14   Oft zitierte Beispiele sind London (London Docklands), Cardiff (Cardiff Bay) oder Toronto (Harbourfront). Fabrik- und Lagerhallen der ehemals hochfrequentierten Warenumschlagsorte sind nach jahrelanger Nichtnutzung dem Verfall überlassen worden und nur allmählich Stadtplanern als lohnenswertes Entwicklungsgebiet bewusst geworden. Zu Beginn entstanden vielerorts Marinas und moderne Wohnanlagen meist für solventes Klientel und offene Plätze mit zugänglichen Entertainment-Angeboten. Bezüglich der Waterfront-Revitalisierung siehe weiterführend u. a. SCHUBERT 2007, ZEHNER 2008, PRIES 2006 und PRIES 2008.

▶ Pionierstadium

In dieser ersten Phase sind es meist *Yuccies* oder Studenten, die aktiv günstigen Wohnraum in „bunten" Arbeiterquartieren mit einer hohen kulturellen Diversifikation nachfragen. Sie sind i. d. R. kinderlos und erschließen sich auch Stadtbereiche und Gebäude, deren Bausubstanz stark vernachlässigt oder noch nicht erschlossen wurde. Dies erfolgt aufgrund günstiger Mieten und attraktiver Innenstadtlagen.

▶ Invasionsstadium

In diesem Stadium folgen vermehrt Studenten und Haushalte mit höherer Schulbildung. Es entstehen Galerien und Cafés, die das Viertel attraktiv für *Yuppies* und *Dinks*[15] machen und dadurch auch sukzessiv für Investoren. Das Stadtviertel tritt erst jetzt auf den Bewertungshorizont verschiedener Metropolklientel. Die Wohneinheiten werden nach und nach renoviert. Die Mieten und Bodenpreise steigen und der Immobilienmarkt wandelt sich mitunter von überwiegend Mietwohnungen zu vermehrt Eigentumswohnungen. Die Einzelhandelsstruktur ändert sich von kleinen Individualläden zu Boutiquen. Die gestiegenen Preise führen dazu, dass sich die ursprünglichen Pioniere das Wohnen in dem Viertel nicht mehr leisten können oder die vergangene kulturelle Offenheit und Vielfältigkeit vermissen.

▶ Assimilationsstadium[16]

Die Pioniere sind mittlerweile vollständig von den nachkommenden statushöheren und einkommensstärkeren Bevölkerungsgruppen ersetzt worden. Die ehemaligen Pioniere wandern aus den gentrifizierten Quartieren ab und erschließen neue Stadtteile.[17]

---

15   Das Akronym steht für *double income no kids* als Referenz für solvente kinderlose Paare.

16   An dieser Stelle wird das normalerweise als Reifestadium bezeichnete Endstadium der Gentrifizierung umbenannt. Der Reifebegriff impliziert ein Endergebnis, das weitere Entwicklungen ausschließt. Assimilierung, verstanden als die Angleichung eines Einzelnen oder einer Gruppe an die Eigenart und Spezifikationen einer anderen Gruppe oder eines anderen Raumes, gibt jedoch eine passendere Beschreibung dieses Stadiums. Das Viertel hat sich den umliegenden Quartieren angeglichen.

17   In Hamburg sind Tendenzen der Gentrification auch für die Szene-Viertel Schanze und St. Pauli von den Anwohnern erkannt worden. So sind mittlerweile Pioniere in die westlicheren Stadtteile Altona und Ottensen abgewandert (1c, Interview vom 29.08.2011).

Die Akteure der Kreativwirtschaft sind der ersten und zweiten Phase zuzuordnen und spielen demnach eine immanente Rolle in der städtischen Entwicklungsdynamik. Ein anschauliches Beispiel bietet die Kreativszene in New York. So wandern ehemalige Pioniere bereits wieder aus den etablierten Kreativvierteln Manhattans, wie z. B. SoHo, zugunsten ehemaliger Industrieviertel wie Williamsburg (Brooklyn) ab. Hier werden ehemalige Fabrik-Lagerhallen nachgefragt, um steigenden Mieten in SoHo auszuweichen. Der Sprung über den East River macht sie erneut zu Pionieren. Probehallen von Tanz-Kompanien und Open-Stage-Bars prägen das Bild. Die Mobilität kreativer Milieus wird an dem obigen Beispiel deutlich; oder wie es ein New Yorker Fashion Designer formulierte:

> „[...] I think obviously geographically we are on a small pincushion, [with] artists and creators moving to different neighborhoods. Every generation has its own neighborhood. It moves through the City. Everyone wants to be where the cool people are." (ZAC POSEN, zit. nach CURRID 2007: 42)

Auch wenn Gentrification eine Verdrängung einkommensschwacher Anwohner bedeuten kann, so sind aus stadtplanerischer Sicht positive Effekte festzustellen (vgl. KUNZMANN 2006: 6). Demnach können anhand natürlicher Raumentwicklung aus *no-go-areas go-there-areas* werden, ohne einen stringenten Bauleitplan implementieren zu müssen. Wenn genügend Ausweichareale den Pionieren zur Verfügung stehen, kann der Schaden für diese einkommensschwächere Gruppe gering gehalten werden. Die Befragung in dieser Arbeit ergab, dass sich die Pioniere ihrer Katalysatorfunktion durchaus bewusst sind.[18]

Haben sich die ersten Interessenten angesiedelt und den Standort nutzbar gemacht, attrahieren sie Nachzügler gleicher Gesinnung und mit ähnlichem Raumbedarf. Sie agieren auf diese Weise, behauptet NIKOLAI ANTONIADIS, nicht nur weil:

> „[...] sie gern unter ihresgleichen sind, sondern auch weil das für sie lebensnotwendig ist. So suchen diejenigen, die Kultur produzieren, wie

---

18   2a, Interview vom 17.10.2011.

etwa Modedesigner, Künstler oder Musiker die Nähe von jenen, die Kultur vermitteln, also beispielsweise Galeristen oder Musikjournalisten. "
(ANTONIADIS 2011: 19)

So nehmen die Kreativen schließlich nicht nur Einfluss auf harte Standortfaktoren[19] wie Grundstückspreise, Subventionen und die Nähe zu Kunden und Zulieferern, sondern auch auf weiche wie das Image des Stadtquartiers, das urbane und lokal-soziale Klima sowie Agglomerationsmechanismen. Kreativwirtschaft führt zur Revitalisierung unattraktiver, abgewirtschafteter oder noch nicht entwickelter Wohn- und Arbeiterviertel.

2.3   Raumwirksame kreativwirtschaftliche Nutzung

2.3.1 Globale Beispiele kreativer Inseln

Ein viel zitiertes Beispiel für einen kreativen Raum ist das Silicon Valley in Kalifornien. Initiativimpuls für die Entstehung des Silicon Valley ist die Nähe zur Stanford Universität. Diese stellte kleinen Start-ups Kleinstgebäude zur Verfügung. In diesen Garagen und kleinsten Räumlichkeiten begannen Unternehmen wie Apple und Hewlett-Packard das bis dahin karge Gelände „on the rough edges of civilization" (HAYES 1989: 34-35) zu erschließen und zu einem der wichtigsten US-amerikanischen Wirtschafts- und Kreativorte zu machen. 70 % der Elektronikfirmen begannen als Kleinbetriebe mit weniger als zehn Mitarbeitern (vgl. FISCHER 2003: 119), ein typisches Merkmal der kreativen Betriebe. Softwareunternehmen wie Google, Facebook oder Adobe Systems beanspruchten im Folgenden den Raum für sich; auch aufgrund immanenter Standortfaktoren wie Fühlungsvorteile oder einer auf die Branche zugeschnittenen Infrastruktur (s. Anhang 2).

Im amerikanischen Raum gilt jedoch ein weiterer Standort als Paradebeispiel der Kreativwirtschaft. New York hat sich durch die Theaterszene des Broadway und vielfältigen Kunstszenen zu einem stark nachgefragten Raum für Kreative entwickelt. CURRID konnte mit ihren Untersuchungen feststellen,

---

19   Für einen ausführlichen Überblick über die Standortbedingungen und -bewertungen sowohl der Mikro-, Meso- als auch der Makrostandorte für den tertiären Wirtschaftssektor s. HEINEBERG 2006: 183 und Anhang 2.

dass New York eine höhere Konzentration von Erwerbstätigkeiten der Kreativwirtschaft wie Musiker, Grafiker, Make-up-Artists, Set-Designer, Innenausstatter und insbesondere Fashion Designer aufweist als Los Angeles; trotz der Hollywood Filmindustrie.[20] Der Broadway bindet diese Erwerbstätigen stärker, als es die Kreativwirtschaft in Los Angeles vermag (vgl. CURRID 2007: 195).

Die Vorstellung, dass lokale Kreativökonomien nur in der liberal-westlichen Welt entstehen können, widerlegt die Pekinger *Fabrik 798*. Die Fabrikgebäude entstanden in einer Kooperation mit der DDR-Regierung in den 1950er Jahren im Stile des Bauhaus.[21] Die puristischen grauen Hallen bieten Fotogalerien und bildenden Künstlern Gestaltungsraum. Auch Cafés haben diesen industriell geprägten Raum mittlerweile erschlossen. Eine entscheidende Eigenschaft der *Fabrik 798* ist die Lage an der Ausfallstraße Airport Expressway, die das Zentrum von Peking mit dem Flughafen Capital International Airport verbindet. Die Raumwahl der Künstler lässt die Interpretation zu, dass nicht nur die Größe und der Aufbau der Räumlichkeiten an sich entscheidende Kriterien der Standortwahl sind, sondern auch die Verkehrsanbindung die Entscheidung maßgeblich beeinflusst hat.

Ein weiteres Beispiel internationaler Kreativstandorte ist die *Creative Factory* im Rotterdamer Hafengebiet. Dort sind Büroeinheiten in einer ehemaligen leer stehenden Fabrik eingerichtet worden. Die *Creative Factory* stellt ein Kreativquartier unter einem Dach dar. 2008 nutzten ca. zehn Unternehmen das Gebäude. Mittlerweile sind es 70 (vgl. CREATIVE FACTORY 2011). Mieter werden nicht durch städtische Subventionen oder Steuerbegünstigungen attrahiert, sondern durch den Standortvorteil des gegebenen Fühlungsfaktors. Die Mieterschaft wird nicht auf einen konkreten künstlerischen Bereich beschränkt; die Büros stehen Start-ups jeder Couleur offen. Die ansässigen Unternehmen sollen in Kooperation miteinander Expertenwissen austauschen und Synergieeffekte nutzen. Auch kleine Finanz- und IT-Firmen sind so als Mieter ausdrücklich erwünscht. Die *Creative Factory* ist vor allem deshalb

---

20   Dieses Ergebnis konnte CURRID anhand eines Lokalisierungsquotienten feststellen.
21   Die Informationen entstammen einer Begehung des Areals im Dezember 2010.

interessant, weil sie als Themenimmobilienkonzept verstanden werden kann und somit Parallelen zu der Immobilie Karostar aufweist.[22]

Kultur- und kreativwirtschaftliche Projekte erfolgen demnach vermehrt in Regionen, die als „Konvergenz- oder Phasing-Out-Regionen" (RATZENBÖCK/ KOPF/LUNGSTRASS 2011: 10) klassifiziert werden können.

2.3.2 Die Bedeutung der Kreativwirtschaft in Hamburg im nationalen Vergleich

In den meisten Analysen wird der monetäre Bruttowertschöpfungsbeitrag herangezogen, um den Stellenwert des deutschen Kreativwirtschaftsmarktes abzubilden. An dieser Stelle wird jedoch die Konzentration der kreativen Milieus in den deutschen Städten als Vergleichsinstrument hinzugezogen. So können kreative Zentren im nationalen Vergleich abgebildet und Hamburg in diese Hierarchie eingeordnet werden. Um die Konzentration von Kreativwirtschaft in spezifischen Regionen vergleichen zu können, hat CURRID 2007 den Lokalisationsquotienten (LQ) als Vergleichsgröße eingeführt. Er fußt auf der Berechnung von regionaler berufsspezifischer Beschäftigung (O_R) im Verhältnis zu der gesamten regionalen Beschäftigung (TE_R), im Bezug zu der nationalen berufsspezifischen Beschäftigung (O_N) im Verhältnis zu der gesamten nationalen Beschäftigung (TE_N):[23]

$$\text{Location Quotient (LQ)} = \frac{\left(\dfrac{O_R}{TE_R}\right)}{\left(\dfrac{O_N}{TE_N}\right)}$$

Ein LQ von 0,00-0,99 sagt aus, dass eine bestimmte Berufsgruppe in einer Stadt im Vergleich zu anderen Städten geringer vertreten ist. Ein Wert von 1,0 bedeutet eine durchschnittliche Repräsentation der Branche in der Region. Ist

---

22   Weitere wichtige kreativwirtschaftliche Projekte und Keimzellen in Europa sind: Telefonplan in Helsinki, das Kunstfreilager im Dreispitzareal Basel, SoFo und Telefonplan in Stockholm die Exrotaprint in Berlin. Sie wurden u. a. auf dem Symposium zur Kreativwirtschaft im März 2011 auf Kampnagel in Hamburg vorgestellt.

23   Die abkürzenden Buchstaben beziehen sich auf die englischen Begriffe *regional occupational employment* (O_R), *total regional employment* (TE_R), *national occupational employment* (O_N) und *total national employment* (TE_N).

der Wert größer als 1,0, kann man von einer hohen örtlichen Konzentration ausgehen (vgl. CURRID 2007: 50; 215).[24]

Im Folgenden werden die Städte Hamburg, München, Stuttgart, Köln, Dresden und Berlin[25] untersucht und bezüglich der Konzentration von kreativwirtschaftlicher Beschäftigung miteinander verglichen.

Tabelle 1 zeigt die Beschäftigungskonzentration ausgewählter deutscher Großstädte im Vergleich, die jeweils für die Berechnung benötigten Werte der gesamten lokalen Beschäftigung und die Anzahl der Beschäftigten der Kreativwirtschaft. Diese werden mit der Anzahl der gesamten nationalen und branchenspezifischen nationalen Beschäftigung ins Verhältnis gesetzt und ergeben stadtspezifische Lokalisationsquotienten der Kreativwirtschaft.

Die Ergebnisse dieses nationalen Vergleiches sind in Abb. 3 visualisiert. Aus ihr wird ersichtlich, dass Hamburg nach Köln die zweithöchste Konzentration an Beschäftigten der Kreativwirtschaft aufweist.[26]

Dieses Ergebnis bestätigt auch die Aussage des Stadt- und Regionalökonomen GUIDO SPARS:

> *„Zählt man neben den sozialversicherungspflichtig Beschäftigten, die gut 9.000 in Hamburg gemeldeten selbständigen [sic!] Künstler dazu, so sind in der Kulturwirtschaft in etwa so viele Menschen beschäftigt wie in der zivilen Luftfahrt (ca. 30.000 Personen); einer Leitbranche Hamburgs."*
> *(SPARS 2010: 82)*

---

24   Neben dem Lokalisationsquotienten nutzt FLORIDA den *Bohemian Index*, um die Attraktivität einer Stadt für Kreative zu messen. Die Berechnung erfolgt wie die des LQ gemessen anhand der lokal vorkommenden Kreativwirtschaft im Verhältnis zur nationalen Erhebung. Er berücksichtigt auch den *Gay Index*, um eine Aussage über die Attraktivität eines Raumes für Kreative zu messen (vgl. FLORIDA 2004: 255; 333).

25   Das Ruhrgebiet müsste als großes städtisches Agglomerationsgebiet theoretisch für den Vergleich hinzugezogen werden. Die *RUHR.2010* als europäische Kulturhauptstadt 2010 sollte gerade im Hinblick der Implementierung von Kulturveranstaltungen zur Revitalisierung von postindustriellen Strukturen (z. B. Braunkohletagebau) berücksichtigt werden (vgl. ANTONIADIS 2011: 20). Es konnten aber für das Gebiet keine konkreten, eingrenzenden Daten über die Beschäftigung nach Berufsgruppen (z. B. des Statistischen Bundesamtes) zugeordnet werden.

26   Kölns hoher LQ-Wert ist auch dem „Medienstandort Köln" geschuldet (u. a. Sitz bzw. Drehort von Stefan Raabs *Brainpool TV GmbH*, der TV-Serie *Alarm für Cobra 11*, der Spielemesse *gamescom* und des Hauptsitzes des WDR).

	O_R	TE_R	O_N	TE_N	LQ
Hamburg [1]	64.189	832.716	938.000	28.080.264	2,31
Berlin [2]	78.701	1.140.174	938.000	28.080.264	2,10
München [3]	10.486	694.459	938.000	28.080.264	0,45
Stuttgart [4]	22.000	346.908	938.000	28.080.264	1,89
Köln [5]	42.000	460.210	938.000	28.080.264	2,73
Dresden [6]	10.700	198.147	938.000	28.080.264	1,62

Tab. 1: LQ der Kreativwirtschaft mehrerer deutscher Städte
Quelle: Eigene Darstellung

Bemerkungen: [1] Die verwendeten Beschäftigungszahlen entstammen unterschiedlichen Erhebungen. Die totalen nationalen Beschäftigungszahlen der Kreativwirtschaft (O_N) basieren auf der Studie von SÖNDERMANN ET AL. (2009b: 4). Die Daten der allgemeinen nationalen deutschen Beschäftigungszahlen (TE_N) sowie die TE_R für Hamburg und Berlin sind der Online-Veröffentlichung des STATISTISCHEN BUNDESAMTES (2011) entnommen. Die lokalen Beschäftigungszahlen der Kreativwirtschaft in Hamburg (O_R) entstammen OVERMEYER (2010: 11). Eine temporäre Diskrepanz zwischen den einzelnen Daten ist somit nicht gänzlich auszuschließen. Auch OVERMEYER weist in seiner Studie auf die Problematik der Datenerhebung in der Kreativwirtschaft explizit hin (vgl. OVERMEYER 2010: 34). Auch wenn die Daten aufgrund der unterschiedlichen Grundlagen angreifbar sind, so sind sich die Studien jedoch grundsätzlich einig, welche Unternehmen und Selbstständigen sie zum kreativen Sektor zählen. [2] Die Anzahl der O_R entstammt der Auswertung der Wirtschaftsdaten für das Jahr 2009 in Berlin (vgl. SENATSVERWALTUNG FÜR WIRTSCHAFT, TECHNOLOGIE UND FORSCHUNG 2009). [3] Die Zahlen der O_R veröffentlichte der BAYERISCHE LANDTAG (vgl. BAYERISCHER LANDTAG 2001: 26-29). Die Beschäftigungszahlen TE_R entstammen den Daten des BAYERISCHEN LANDESAMTES FÜR STATISTIK (vgl. BAYERISCHES LANDESAMT FÜR STATISTIK UND DATENVERARBEITUNG 2010: 20). Für München liegen laut persönlichem Gespräch mit Michael Söndermann, Vorsitzender des Arbeitskreises Kulturstatistik vom 19.10.2011, und Jürgen Enninger, Regionalleiter Kompetenzzentrum Kultur- und Kreativwirtschaft Bayern vom 22.09.2011, bisher keine aktuellen Daten zur regionalen berufsspezifischen Beschäftigung vor. Das Ergebnis der Konzentration der Kreativwirtschaft in München muss demnach unter Vorbehalt verstanden werden. [4] In Stuttgart ist die Anzahl der regionalen Kreativbeschäftigung einer Mitteilung der LANDESHAUPTSTADT STUTTGART (2009) entnommen. Die gesamte regionale sozialpflichtige Beschäftigung ist einer Studie über Stuttgarter Strukturdaten und -indikatoren der BUNDESAGENTUR FÜR ARBEIT (2010) entnommen. [5] Die Zahl der Beschäftigten der Kreativwirtschaft in Köln entstammt einer Studie der AGENTUR FÜR ARBEIT KÖLN (2009: 2). Die Höhe der Gesamtbeschäftigung ist einer Veröffentlichung der INDUSTRIE- UND HANDELSKAMMER ZU KÖLN (2010) entnommen. [6] Der Anteil der Kreativbeschäftigten ist der Studie Kultur- und Kreativwirtschaft in Dresden der LANDESHAUPTSTADT DRESDEN aus dem Jahr 2011 entnommen (vgl. LANDESHAUPTSTADT DRESDEN 2011a: 10). Die Gesamtbeschäftigung ist einer Mitteilung der kommunalen Statistikstelle der LANDESHAUPTSTADT DRESDEN entnommen (vgl. LANDESHAUPTSTADT DRESDEN 2011b).

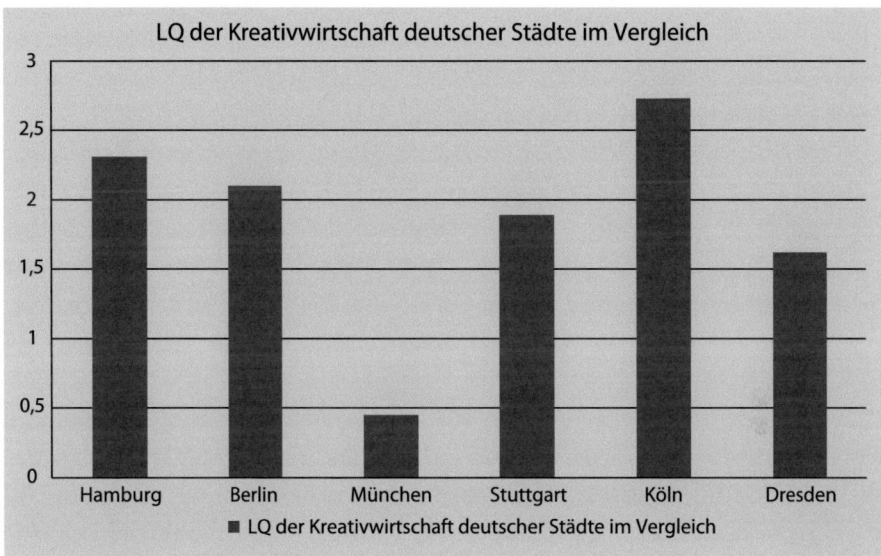

Abb. 3: Lokalisationsquotient der Kreativwirtschaft deutscher Städte
Quelle: Eigene Darstellung

2.3.3 Hamburger Beispiele kreativer Inseln

Das Schanzenviertel ist ein bekanntes Hamburger Beispiel einer Kreativinsel. Das Viertel ist geprägt durch gründerzeitliche Bausubstanz. Bis in die 1980er Jahre wurden die Häuser aufgrund niedriger Mieten von Studenten und Künstlern bewohnt. Merkmal dieses Arbeiterviertels war die Verfügbarkeit von „lokalen Gelegenheitsstrukturen" (LÄPPLE ET AL. 2010: 21) wie Kioske, Gemüseläden, Kneipen und Restaurants. Existenzgründer der *New Economy* zogen während der Invasionsphase in das Viertel. Familien fragten zusehends die attraktive Innenstadtlage nach, sodass der Kinderanteil stetig stieg. Renovierungen und die Veränderung des sozialen Milieus führten auf dem Immobilienmarkt zu einer sukzessiven Wertsteigerung des Baubestandes.

Im Gängeviertel erreichte eine Gruppe Kreativer durch die vehemente Besetzung des gründerzeitlichen Baubestandes 2009, dass der Senat den Verkauf der Gebäude an einen holländischen Investor rückgängig machte. 2011 wurde mit dem mittlerweile eingetragenen *Gängeviertel e. V.* unter dem Motto

„Komm in die Gänge" und der Stadt Hamburg ein Kooperationsvertrag zur Folgenutzung dieser Flächen geschlossen. Die aktiven Künstler fungieren dabei als genossenschaftliche Vertretung (vgl. GÄNGEVIERTEL E. V. 2012). Auch das *frappant*-Gebäude in Hamburg Altona ist ein weiteres Hamburger Beispiel für den Einfluss des kreativen Milieus. Die Stadtentwicklung wurde hier durch die Aneignung eines leer stehenden Großgebäudes stark beeinflusst. Das *frappant*-Gebäude mit 47.000 m² Nutzfläche[27] wurde in den 1970er Jahren in direkter Innenstadtlage an der Großen Bergstraße errichtet. Im Konzept „Neue City von Altona" sollten Käuferströme aus der Hamburger City in die Bezirkszentren gelockt werden (vgl. HAMBURGER ABENDBLATT 1974). Zunächst war die Einkaufsstraße mit den Kaufhäusern Neckermann und Karstadt im *frappant*-Gebäude sehr gut besucht. Nach stetig sinkenden Besucherzahlen übernahm Karstadt das komplette Gebäude. Auch dieses Mal blieben die Besucherzahlen hinter den Erwartungen zurück, bis sich schließlich auch Karstadt nicht mehr im Stande sah, diese große Betriebsfläche mit mehreren Etagen zu unterhalten. Nachdem das *Mercado Einkaufszentrum* am Bahnhof Altona eröffnet wurde, verlor das *frappant* endgültig an Zugkraft. Für die Altonaer Anwohner hatte sich das *frappant* über die Jahrzehnte von einem positiven Symbol der Moderne und des Wiederaufbaus zur Bausünde gewandelt. Es stellte sich also auch die Frage, ob dieses Monumentalbauwerk als schützenswerte Bestandsarchitektur erhalten werden sollte.[28] Potenzielle Interessenten wurden von den hohen Renovierungs- und Unterhaltskosten abgeschreckt. Aufgrund des Leerstandes bezogen schließlich einzelne Künstler und soziale Gruppen das unbeheizte, großzügige Raumangebot.

Aufschlussreich ist die diversifizierte Nutzung der unterschiedlichen Raumeinheiten des Gebäudes. Auf fünf Stockwerken suchten sich die Künstler in den Räumen der insg. 7.500 m² Büroflächen[29] kleine Kunstparzellen, in denen Fotoinstallationen oder Plastiken gefertigt worden sind. Viele Maler nutzten

---

27   Die Daten und Information über das *frappant* sind einer Begehung und einem persönlichen Gespräch mit Benjamin Häger vom *frappant* e. V. am 08.01.2010 entnommen.

28   Dahinter steht die grundsätzliche Diskussion, ob den Betonbauten der Moderne ähnliche Erhaltungsrechte zustehen wie gründerzeitlichen oder historisch-mittelalterlichen Gebäudebeständen.

29   Die Information entstammt einem Gespräch mit Benjamin Häger, Mitglied des *frappant* e. V. am 08.01.2010.

Abb. 4: Raumnutzungen des frappant Altona
Quelle: Eigene Fotos vom 08.01.2010

den Putz der Wände selbst als Leinwände für Gemälde, Zeichnungen oder Drucke (vgl. Abb. 4).

Die große Raumanzahl und Parzellierung der Immobile begünstigte eine Nutzung durch viele Künstler und ermöglichte eine gerechte Raumvergabe innerhalb der Künstlergemeinschaft. In der Erdgeschossebene gestattete die große Raumhöhe das Aufstellen von Skulpturen und Installationen. Auch Vernissagen, gemeinsame Events oder Feiern konnten hier stattfinden. Ziel war eine Öffnung des *frappant* für die Anwohner und die Etablierung eines Innenstadtkulturzentrums. Zusätzlich wurde die Gebäudefassade (z. B. die Betonwände des Parkdecks und die Außenfassade) als Leinwand genutzt und im Sinne der *Urban Street Art* großflächige Graffitis aufgebracht. Das *frappant* zeigte die räumliche und vielfältige Übergangsnutzung innerhalb eines Gebäudes und die selbstbestimmte Beschaffung von Arbeitsorten. Es ist im Frühjahr 2011 zu Gunsten des ersten City IKEA Möbelhauses abgerissen worden.

An diesem Beispiel können bereits erste Raumansprüche der Künstler erahnt werden.

3 Empirische Analyse

3.1 Ziel und Methodik der Befragung

Die Einführung des Begriffs der Kreativwirtschaft sowie ihrer Akteure haben die Relevanz für städtische Entwicklung verdeutlichen können. Aus diesem Grund ist es entscheidend, zu bestimmen, welche Räume Künstler für ihre Arbeiten nutzen und welche Voraussetzungen diese Räume für sie bereitstellen müssen. Mithilfe leitfadengestützter Experteninterviews mit Hamburger Akteuren der Kreativwirtschaft wurden diese ermittelt. Aus den Antworten und Erfahrungsberichten der Experten kann anschließend ein Bedürfnis-Kriterienkatalog der Kreativwirtschaft entwickelt werden.[30] Anhand dieses Kriterienkatalogs können auch beliebige weitere Räume oder Immobilien auf ihre Tauglichkeit hinsichtlich der Nutzung durch Kreative überprüft werden. Das *Karostar* und der Oberhafen werden a posteriori auf die Möglichkeit der kreativwirtschaftlichen Nutzung überprüft und miteinander verglichen.

Aufgrund der individuellen Tätigkeitsfelder der Experten ist die quantitative Untersuchung weniger geeignet als ein qualitativer Forschungsansatz. Dieser ermöglicht ein liberaleres Antwortverhalten und trägt den diversifizierten Biographien und Gewerben Rechnung. JAN KRUSE hat mit der *Einführung in die qualitative Interviewforschung* eine umfassende Anleitung zur Fragebogengestaltung und zu Maßnahmen der Interviewführung erarbeitet. Auch anhand der Anleitung *Experteninterviews in den Umwelt- und Planungswissenschaften* von HARALD MIEG und MATTHIAS NÄF erfolgt die Gestaltung des vorliegenden Fragebogens. Sie ergänzen KRUSES Erläuterungen für die Soziologie um eine naturwissenschaftliche Ebene. Das Interview ist auf eine Stunde ausgelegt, um ausweichendem oder abkürzendem Antwortverhalten vorzubeugen. Eine Interviewstunde ermöglicht ca. 20 Fragen, wobei auch auf Randbemerkungen oder neue Aspekte seitens des Befragten eingegangen werden darf. Die Fragen

---

30 GROWE liefert einen unzureichenden Katalog an Raumansprüchen, da diese sich ausschließlich auf soziale Aspekte beziehen wie Freizeitgestaltung, Aufstiegschancen im Unternehmen, Finanzstärke des Arbeitgebers usw. (vgl. GROWE 2009: 390). BUTTENBERG gelingt es, die Motive der Raumwahl differenzierter darzustellen, verbleibt jedoch auf einer abstrakten Ebene: „Raum für die eigene Vorstellung von Arbeit", „Netzwerk und Gemeinschaft", „Verflüssigung und multifunktionaler Raum" (BUTTENBERG 2010: 72-73).

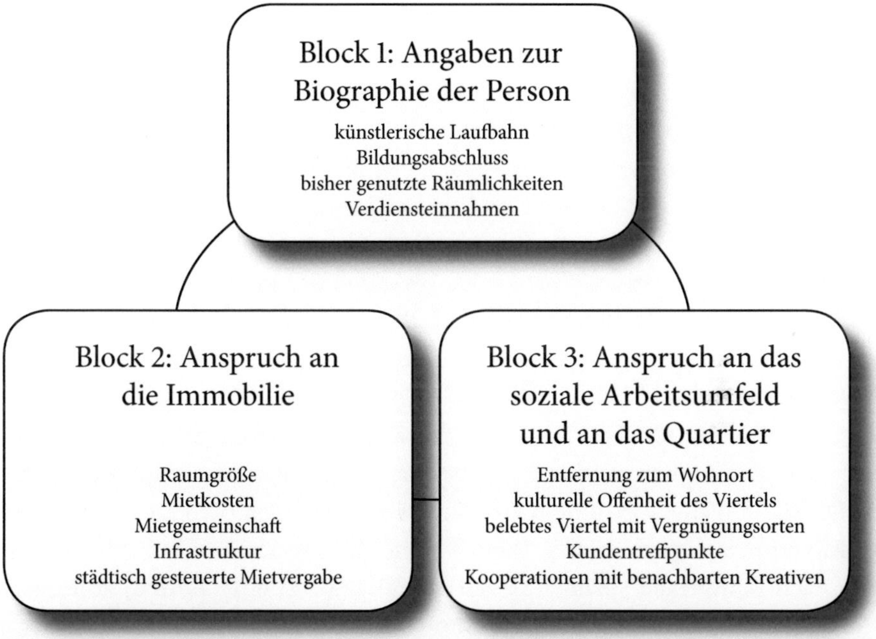

Block 1: Angaben zur
Biographie der Person

künstlerische Laufbahn
Bildungsabschluss
bisher genutzte Räumlichkeiten
Verdiensteinnahmen

Block 2: Anspruch an
die Immobilie

Raumgröße
Mietkosten
Mietgemeinschaft
Infrastruktur
städtisch gesteuerte Mietvergabe

Block 3: Anspruch an das
soziale Arbeitsumfeld
und an das Quartier

Entfernung zum Wohnort
kulturelle Offenheit des Viertels
belebtes Viertel mit Vergnügungsorten
Kundentreffpunkte
Kooperationen mit benachbarten Kreativen

Abb. 5: Kurzübersicht Fragebogen
Quelle: Eigene Darstellung

dürfen im Sinne einer unabhängigen Untersuchung keine Deutungsangebote machen. Der Interviewende muss darauf achten, dass keine geschlossenen, direkten oder suggestiven Fragen gestellt werden (vgl. KRUSE 2009: 67). Der Idealfall einer Interviewsituation ist so offen wie möglich und nur so weit strukturierend wie nötig gestaltet (vgl. ebd.: 68).

3.2 Design des Interviewleitfadens

Der Interviewleitfaden für die vorliegende Untersuchung ist in drei Sinneinheiten strukturiert (s. schematische Darstellung in Abb. 5). Der vollständige Fragebogen ist in Anhang 3 einsehbar.

Der erste Block bezieht sich auf die Biographie des Interviewpartners, in dem Bildungsabschlüsse, bisherige Projektarbeiten sowie Berufsstationen abgefragt werden. Der zweite Block untersucht die Ansprüche der Befragten an die Gebäude bzw. ihren direkten (Arbeits-)Raum, in dem sie arbeiten und

Kreativität entfalten. Hier wurde u. a. gefragt: *Welche Raumgrößen benötigen Sie, um Ihre Kreationen gestalten zu können?, Welche Gebäudebedingungen führen garantiert zum Misserfolg?* und *Stellen Sie sich vor, Sie könnten die Mieter des Gebäudes in dem Sie arbeiten, selbst aussuchen. Wie würde eine solche Mietgemeinschaft aussehen?*. Die Fragen des dritten Blocks beziehen sich auf die Ansprüche an das Quartier und das soziale Umfeld. Dazu zählen Fragen wie: *Wo treffen Sie potenzielle Kunden?, Wie muss ich mir das Zusammenspiel mit anderen Kreativen vorstellen?* oder *Was zählt in Ihrem Hamburger Arbeitsumfeld zu unverzichtbaren Orten und Begegnungspunkten?*. In diesem Teil werden die Experten auch nach einer Bevorzugung einer Dichte an „sozialen Begegnungspunkten" befragt, die nach Annahme von FLORIDA und CURRID essentiell wichtig für die Prosperität der Kulturwirtschaft sind. Die Auswahl der Fragen erfolgt anhand des Leitmotivs, möglichst umfassend den Raumbedarf der Kreativen ermitteln zu können. Dabei sollen die Fragen ein Spektrum von Basisaspekten (z. B. Raumkosten und -ausstattung) bis hin zu Fragen nach komplexen sozialen Ansprüchen (z. B. Kooperationen) abdecken. Eine quantitative Kurzumfrage am Ende des Interviews wird schließlich neun Raumaspekte auf ihre Wichtigkeit hin überprüfen. Darin werden sowohl noch nicht besprochene Raumfaktoren als auch bereits abgefragte Raumansprüche aufgegriffen. Die Kurzumfrage bietet damit eine Kontrollmöglichkeit, um vorherige Antworten der Probanden auf ihre Konsequenz hin zu überprüfen. Die Gespräche werden zur Vervollständigung der Notizen aufgezeichnet.

3.3 Auswahl und Vorstellung der Experten

Ein Experte ist laut MIEG/NÄF „jemand, der/die aufgrund langjähriger Erfahrung über bereichsspezifisches Wissen/Können verfügt" (MIEG/NÄF 2006: 10). Experten sind demnach keine Befragten, die zu einem bestimmten Thema oder Problem zwar eine Meinung, aber keine Erfahrung haben (vgl. ebd.).

3.3.1 Auswahl der Experten

Die Auswahl der Interviewpartner erfolgte zuerst auf Anfragen bei dem Vorstand des *frappant e.V.* in der Viktoria Kaserne. Der Rücklauf an Zusagen verlief jedoch spärlich. Einige der angesprochenen Künstler sahen in der Befragung nach ihren Raumvorlieben eine Instrumentalisierung durch die Stadt

Hamburg, an der sie nicht teilnehmen wollten.[31] Aus diesem Grund wurde bei der vorliegenden Untersuchung weitestgehend auf die Kooperation mit städtischen Behörden oder der *Hamburger Kreativ Gesellschaft*[32] (im Folgenden: Kreativgesellschaft) verzichtet, um wahrheitsgemäß diese Befürchtungen zu entkräften. Nur ein *frappant*-Aktiver erklärte sich bereit, Auskünfte über seinen Arbeitsraumanspruch zu geben. Als zweiter Schritt wurden Mieter sowohl des Karostar als auch des Hamburger Oberhafens vor Ort recherchiert und angesprochen. Aus Gesprächen mit ansässigen Künstlern entstanden daraufhin i. d. R. Zusagen für eine eingehende Befragung zu einem späteren Zeitpunkt. Da im Rahmen dieser Arbeit nicht alle Kunstproduzenten und -richtungen der ersten Verwertungsebene befragt werden können, wurden Experten ausgewählt, von denen erwartet wurde, dass sie für ihre Kunst einen individuellen Raum benötigen. Damit werden Eventagenturen und Medien- und PR-Unternehmen aus der Untersuchung ausgeschlossen. Der Raumanspruch ist bei diesen Kreativ-Akteuren zwar relevant, der Anspruch an die Immobilie beschränkt sich jedoch auf Büros und technisches Equipment. Befragt wurden schließlich acht Kreative, die sich in zwei Gruppen einteilen lassen: zwei Kulissenbauer, ein Fotograf und ein Bildhauer/Maler bilden die Gruppe der handwerklich Kreativen (Manufakteure)[33], in der zweiten Gruppe (Musiker) sind ein Produzent für digitale Musik, ein Opernsänger und Klavierspieler, ein Bassist und Musiklabel-Gründer und schließlich ein Toningenieur. Alle Befragten führen etablierte kleinständische Unternehmen oder haben als Selbstständige eine Vielzahl an Kunstprojekten und -produkten entwickelt.

---

31   Siehe hierzu auch die Initiative „Not In Our Name, Marke Hamburg!", die sich dagegen ausspricht, die Künstler als Raumeroberer zu instrumentalisieren und mit den alternativen Stadtvierteln wie St. Georg oder St. Pauli auf einem internationalen Städtemarkt zu werben und zu konkurrieren. Für die Kritiker stehen diese kommunizierten Aushängeschilder im Gegensatz zu steigenden Mieten und Flaggschiff-Immobilien an den Elbufern. Auch einer der befragten Experten unterstützt diese Initiative.

32   Die *Hamburg Kreativ Gesellschaft mbH* wurde 2010 von der Stadt Hamburg eingerichtet und ist in der HafenCity ansässig. Sie soll als erste Anlaufstelle für Kreative bei Fragen z. B. nach Räumlichkeiten oder Business Problemen fungieren. Darüber hinaus hat sie sich die Förderung des Kreativ-Netzwerkes in Hamburg zum Ziel gesetzt.

33   Die Wortneuschöpfung Manufakteur wird in dieser Arbeit als Oberbegriff für vornehmlich handwerklich arbeitende Künstler verwendet. Es ist angelehnt an das deutsche Manufaktur und das engl. *manufacturer* und nimmt Bezug auf das lateinische Wort für Hand *manus*.

Vermeintliche Experten stellen sich u. U. erst während des Interviews als ungeeignet heraus – so auch ein Gespräch mit einem Unternehmer im Film- und Fotografiekulissenbau, der während das Untersuchungszeitraums im Sommer 2011 kurzfristig eine leerstehende Lagerhalle im Oberhafen mietete. Das Durchführen der Befragung war nicht möglich, da jede Antwort auf eine Beschwerde über politische Missverhältnisse hinauslief. Eine Kritik an der Hamburger Kulturpolitik (z. B. bezüglich der Elbphilharmonie) darf Erwäh- nung finden und wird dementsprechend dokumentiert. Nur bei einer übermä- ßigen Häufung dieser abweichenden Antworten kann der Proband nicht mehr als Experte in die Forschung mit einbezogen werden. Nach MIEG/NÄF ist dies ein inkompetenter Interviewter, da „er das Interview zum Anlaß [sic!] nimmt, etwas mitzuteilen, was ihm schon lange am Herzen liegt, was aber nichts mit dem Forschungsinteresse zu tun hat" (MIEG/NÄF 2006: 71).

3.3.2 Vorstellung der Experten

Die Interviews wurden zwischen August und November 2011 geführt. Die Na- men der Experten sowie die Firmen sind der Autorin bekannt. Die Befragten äußerten jedoch den Wunsch, die Darstellung der Interviews zu anonymisie- ren. Daher werden hier die Namen durch Buchstaben- und Zahlenkombinati- onen ersetzt. Dabei steht die 1 für die Gruppe der Manufakteure, die 2 für die Gruppe der Musiker.

Die Gruppe der Manufakteure:

1a arbeitet seit zehn Jahren als Kreativdienstleister für Theaterkulissen, Film- sets und Messestände. Seine Haupttätigkeiten sind Holzinstallationen, Metall- Schweißarbeiten sowie großformatige Bemalungen. 1d ist seit ca. dreißig Jah- ren ebenfalls ein Spezialist im Bereich Bühnen- und Kulissenbau. Er hat sich im Unterschied zu 1a jedoch auf den Bau von Outdoor-Filmsets spezialisiert und hat neben Arbeitsräumen in Hamburg bereits Arbeitsräume in Berlin ge- nutzt. Beide Experten verstärken ihr Team je nach Projektgröße und -dauer mit freien Mitarbeitern. 1b ist seit ca. 35 Jahren Berufsfotograf. Seine Firma ist spezialisiert auf den Aufbau und die Fotografie von Wohneinrichtungen und Wohnkulissen für Einrichtungsmagazine. Außerdem ist er Dienstleister für Produktfotografie für u. a. *Henkel* und *Max Bahr*. Diese drei Künstler sind in Gebäuden des Oberhafens ansässig. 1c arbeitet selbstständig seit ca. zehn Jah-

Gruppe der Manufakteure	Gruppe der Musiker
1a (Theaterbau) Interview vom 24.08.2011	2a (Selbstständig) Interview vom 17.10.2011
1b (Fotograf) Interview vom 29.08.2011	2b (Geschäftsführer) Interview vom 26.10.2011
1c (Selbstständig) Interview vom 29.08.2011	2c (Toningenieur) Interview vom 10.11.2011
1d (Theaterbau) Interview vom 15.09.2011	2d (Geschäftsführer) Interview vom 10.11.2011

Tab. 2: Übersicht der befragten Experten
Quelle: Eigene Darstellung

ren als Kunsttherapeut und Performancekünstler. Er sieht sein Hauptstandbein aber in der Kunstpädagogik u. a. für Hamburger Grundschulen. Er ist organisiert im *frappant e. V.* und hat bereits verschiedene Künstlerhäuser in Hamburg bezogen.

Die Gruppe der Musiker:

2a beurteilt seinen Raumanspruch aus dreifacher Perspektive: als Schauspieler, klassischer Sänger und Kulturmanager. Befragt wurde er primär in seiner Rolle als Gründer eines Kunstvereins und als Experte für Raumansprüche eines Musikers. Sein Arbeitsstandort ist im Oberhafen. Zu der Gruppe der Musik-Kreativen zählt außerdem 2b. Er ist studierter Musikwissenschaftler und Geschäftsführer einer Firma, die digitale Musik komponiert und produziert. Darüber hinaus bietet er Workshops für deutschlandweite Interessenten an. Er ist Mieter im Karostar. 2d ist Mitbegründer eines Hamburger Plattenlabels und Bassist einer Band. Er gibt aus Sicht der ersten und zweiten Verwertungsebene Auskunft über seinen Raumbedarf. Bandproben finden derzeit in einem alten Industriegebäude in Wilhelmsburg statt; das Label hat seinen Sitz in St. Pauli. 2d nutzt zudem für Einzelproben ein kleines Tonstudio des Karostar. 2c ist vielmehr Toningenieur als Musiker und produziert mit seinem Kleinunternehmen Hörspiele und Literaturvertonungen im Karostar.

Die befragten Künstler sind im Schnitt 47 Jahre alt. Sie sind damit älter als die jungen Erwachsenen, denen oft die eigenständige Erschließung von Räumen zugesprochen wird (vgl. BECKER 2010: 76). Akteure der Kreativwirtschaft können erst dann valide Aussagen über benötigte Raumaspekte treffen, wenn sie bereits etablierte Unternehmen führen oder als Selbstständige regelmäßige Auftragslagen vorweisen können (vgl. MIEG/NÄF 2006: 10). Deswegen wurden keine *Yuccies* in der Untersuchung berücksichtigt, da sie noch nicht ausreichend Erfahrungen in der Künstlertätigkeit sammeln konnten.

3.4   Ergebnisse der Interviews

Während die Befragten unterschiedliche Tätigkeiten im Kunst- oder Kreativbetrieb ausüben, ergaben die Antworten dennoch immanente Parallelen bezüglich der Ansprüche an den Arbeitsraum. Anhand dieser Übereinstimmungen wird im Folgenden ein Anspruchskriterienkatalog entwickelt. Dafür müssen die Aussagen der Befragungen dokumentiert und verglichen werden, um übereinstimmende Ansprüche der Künstler festzulegen und Unterschiede (z. B. zwischen den Manufakteuren und Musikern) in der Raumnutzung herauszufinden. Die Antworten wurden in einer tabellarischen Übersicht dokumentiert und gegenübergestellt. Der „institutionell-organisatorische Kontext" (MIEG/NÄF 2006: 69), also der gemeinsam geteilte Erfahrungshorizont der Experten, sichert weitestgehend die Vergleichbarkeit der Aussagen (vgl. ebd.). Diese werden zwar nicht editiert oder zensiert, aber strukturiert, zu Kernaussagen zusammengefasst und Oberkategorien zugeordnet. Dabei werden u. U. die chronologische Struktur aufgehoben und nicht relevante Ausführungen abseits des Untersuchungsgegenstandes ausgeklammert. In dem folgenden Kapitel werden übereinstimmende Antworten den abgefragten Raumkategorien zugeordnet. Die ermittelten Unterschiede werden entweder separat erwähnt, wenn die Diskrepanz zwischen den Aussagen eklatant ist, oder sie werden aufgrund ihrer Einzelstellung nicht extra aufgeführt.

3.4.1 Aussagen der Befragten

Die Oberkategorien „Anspruch an das Quartier" und „Anspruch an die Immobilie" werden gemäß der Fragen in spezifische Unterkategorien unterteilt.

Darauf aufbauend werden die Raumaspekte nach ihrer Wichtigkeit hierarchisiert und in einen Kriterienkatalog überführt.

Oberkategorie Quartier

▶ Naturräumliche Voraussetzungen
Die Künstler stellen keine Ansprüche an den physisch-geographischen Raum, in dem sie arbeiten. Es werden keine bestimmten Klimate oder Naherholungsgebiete im Arbeitsumfeld nachgefragt, um bestmöglich kreativ arbeiten zu können.

▶ Kulturelle Offenheit des Viertels
Die Probanden sind sich einig, dass ein konservatives Milieu für künstlerische Arbeit nicht möglich ist. Alle acht Künstler beantworteten die Notwendigkeit einer Atmosphäre der Toleranz und kulturellen Offenheit mit „sehr wichtig". Notwendige Bedingung für kreatives Schaffen sei das Vorhandensein vieler verschiedener Einflüsse, Berufe und Inspirationen im Viertel.

▶ Innenstadtlage des Quartiers
Die Experten verknüpfen die Wichtigkeit der Innenstadtlage v. a. mit der günstigeren Erreichbarkeit für Kunden und Lieferanten. Der soziale Anschluss an die Innenstadt spiele für die Experten eine untergeordnete bis keine Rolle in ihrem Standortanspruch.

▶ Vorhandensein von Vergnügungs- und Begegnungsorten
Verklausuliert fragt dieses Kriterium nach dem Bedarf an Lokalitäten, Kneipen, angesagten Cafés und sozialen Treffpunkten. Auch *Afterwork-Clubs*, Veranstaltungsräume für Konzerte, Diskotheken und Clubs gehören zu den Vergnügungs- und Begegnungsorten. Diese werden als unverzichtbare städtische Funktion einer florierenden Kreativwirtschaft geführt. Bei den Hamburger Befragten stellten sie sich als irrelevant heraus. 2a gab zwar an, dass er Kundengespräche in Lokalitäten führen würde, die sich in der Nähe des Arbeitsortes befänden, er sei jedoch auch bereit, zu den Kunden zu fahren oder weiter entfernte Begegnungsorte zu nutzen.[34] Laut 1a sei das Schanzenviertel mit seinem ausgeprägten Netz an Bars, Kneipen und Begegnungspunkten „schon sexy", aber nicht entscheidend.[35] Lokale Gelegenheitsstruk-

---

34   2a, Interview vom 17.10.2011.
35   1a, Interview vom 24.08.2011.

turen sind für die Probanden für den Standort nicht entscheidend. Experte 2b gibt an, die Angebote in der nahen Umgebung seines Arbeitsplatzes zu nutzen, aber Arbeitskooperationen und Aufträge würden dadurch nicht entstehen. Es handele sich vielmehr um Freizeitgestaltung.

▶ Räumliche Nähe bzw. Nachbarschaft zu anderen Kreativen in einem Kreativquartier

Keiner der Experten gibt an, dass die Nähe zu Mit-Kreativen entscheidend ist. Zwar sei die kulturelle Offenheit des genutzten Stadtteils sehr relevant, aber nicht die Zugehörigkeit zu einem Kreativviertel oder der Austausch mit Gleichgesinnten. Damit können die Annahmen der etablierten Veröffentlichungen zur Kreativwirtschaft für Hamburg widerlegt werden.

▶ Überregionaler Verkehrsanschluss

Die Erreichbarkeit des Gebietes ist entscheidend für die Befragten.[36] Kunden der Kreativunternehmen sitzen nicht nur in Hamburg, sondern haben eine Anfahrt aus weiter entfernten Ballungsräumen wie Berlin oder Köln. In einem Fall herrscht eine Zusammenarbeit mit einer Köllner Dependance (1c). Die Vermeidung verlangsamenden Stadtverkehrs (z. B. während der Rushhour) und schnelle Erreichbarkeit durch Autobahnzubringer und -kreuze werden von nahezu allen Kreativen als großes Plus eines möglichen Arbeitsstandortes gewertet (s. auch Abb. 6), eine Einschätzung, die in der Forschungsliteratur bisher keine Berücksichtigung gefunden hat.

Oberkategorie Immobilie

▶ Raumgröße

Die Größe eines Raumes stellt bei der Mehrzahl der Befragten eine notwendige Bedingung für die Nutzung dar. Bei diesem Raumaspekt wurde eine Divergenz zwischen Manufakteuren und Musikern festgestellt. Die Manufakteure geben einen durchschnittlichen Raumbedarf von 445 m² an.[37] Die Musiker benötigen mit durchschnittlich 35 m² deutlich weniger Raum.

---

36 Lediglich zwei Musiker (2d und 2c) weichen von der mehrheitlichen großen Gewichtung dieses Raumaspektes ab.

37 Ließe man die Angabe von 1c außen vor, die als Malerin einen relativ geringen Raumbedarf angibt, käme der durchschnittliche Raumanspruch sogar auf eine Größe von 583 m².

▶ Mietkosten

Die finanzielle Belastung durch Mietkosten des Raumes zu minimieren, ist eine entscheidende Bedingung für jeden Befragten. Dies wird sowohl in der Angabe der aktuell zu zahlenden Mieten als auch in der Antwort auf die Frage, welcher Faktor in der Wahl des jetzigen Standortes entscheidend war, ersichtlich.

▶ Mietgemeinschaft

Die Mietnachbarn innerhalb der Immobilie werden als hinreichende Kategorie gewertet. Dies äußert sich in der Befürwortung oder Ablehnung einer Monopolisierung bzw. Konzentrierung von Künstlern auf engem Raum. Die Meinungen sind ausgeglichen. Eine herausragende Bedeutung der internen Kooperation konnte nicht festgestellt werden. Die Netzwerkstruktur, wie sie Currid für die Prosperität der New Yorker Kreativwirtschaft als entscheidend begründet, konnte anhand der Experteninterviews nicht bestätigt werden. So sind auch in günstigen Fällen (gezielte Synergiebestrebungen in einer Themenimmobilie)[38] keine Kooperationen unter den Befragten zustande gekommen. Die Zusammenarbeit beschränkt sich vornehmlich auf Materialaushilfen oder Infrastrukturkooperationen (Entsorgung, Logistik).

▶ Lärmtoleranz

Ein Aspekt wurde von den Kreativen immer wieder selbst genannt (u. a. 1a, 2a, 2d): Auch am Wochenende und nachts müsse in einem Gebäude lärmintensive Arbeit möglich sein. Nachbarn dürfen sich von Arbeitsgeräuschen oder Musikproben auch außerhalb der regulären Geschäftszeiten nicht gestört fühlen.

▶ Belade- und Lasteninfrastruktur

Ein Kriterium, das sich als entscheidend für Kreativarbeit herausstellte, ist die Verladeinfrastruktur. Die Experten geben übereinstimmend an, dass ein Mangel an Lastenaufzügen und Laderampen von Nachteil sei. Dies äußert sich auch in der Abneigung gegen Hinterhoflagen und Etagenräume aufgrund der eingeschränkten Rangiermöglichkeiten für LKW. Dies gilt nicht nur für sperrige Produkte der Manufakteure. Der Bassist 2d gab an, dass

---

38   Zur Erläuterung des Begriffs der Themenimmobilie siehe Kapitel 4.1.

seine Band explizit einen Proberaum im Erdgeschoss angemietet hat, um die Instrumente nicht über mehrere Stockwerke transportieren zu müssen.[39]

► Sanitäranlagen
Sanitäranlagen mit fließendem Wasser und Elektrizität sind eine notwendige Voraussetzung.

► Tageslichtverhältnisse
Die interviewten Künstler stufen die Lichtversorgung als weniger relevant ein. Die nahezu kongruente Meinung der Experten ist, dass künstliche Beleuchtung verlässlicher ist als Tageslicht.[40] Dieses Kriterium kann bei der Raumbewertung folglich vernachlässigt werden. Für 1b war die Möglichkeit zur vollständigen Raumabdunklung eine zwingende Voraussetzung der Auswahl.

► Parkmöglichkeiten
Die Wichtigkeit dieses Kriteriums ergab sich aus den meisten Bewertungen der Protagonisten und bezieht sich sowohl auf die Anlieferung von großvolumigen Teilen als auch auf das Empfangen von Kunden. Die Kunden der befragten Kreativen kommen nicht selten aus überregionalen Gebieten und schätzen die Möglichkeit, ohne Umstände vor Ort in der Großstadt den PKW oder LKW abstellen zu können.

► Entfernung zum Wohnort
Bei sechs von acht Befragten beträgt die maximale Entfernung zum Wohnort lediglich 15 Minuten. Eine geringe Entfernung ist übereinstimmend eine wichtige Voraussetzung der Standortwahl.[41]

► ÖPNV-Anschluss
Den Anschluss an den öffentlichen Regionalverkehr werten alle Künstler als ein wichtiges Kriterium. Bei der Nachfrage nach dem Entscheidungsfaktor des derzeitigen Arbeitsortes gab jedoch nur 2b die gute ÖPNV-Anbindung als ausschlaggebend an. Tatsächlich nutzen sechs Befragte das Fahrrad, drei den PKW und nur zwei (2a nur zu 40 %) den ÖPNV.[42]

---

39   2d, Interview vom 10.11.2011.
40   Nur der Musiker 2c sprach sich für eine Fensterfront für die kreative Atmosphäre aus.
41   1b besitzt neben einer Mietwohnung in Hamburg einen Hof in der Hamburger Peripherie, den er gelegentlich als Wohnort nutzt.
42   Bei einigen Experte kamen Mehrfachnennung der Verkehrsmittel vor.

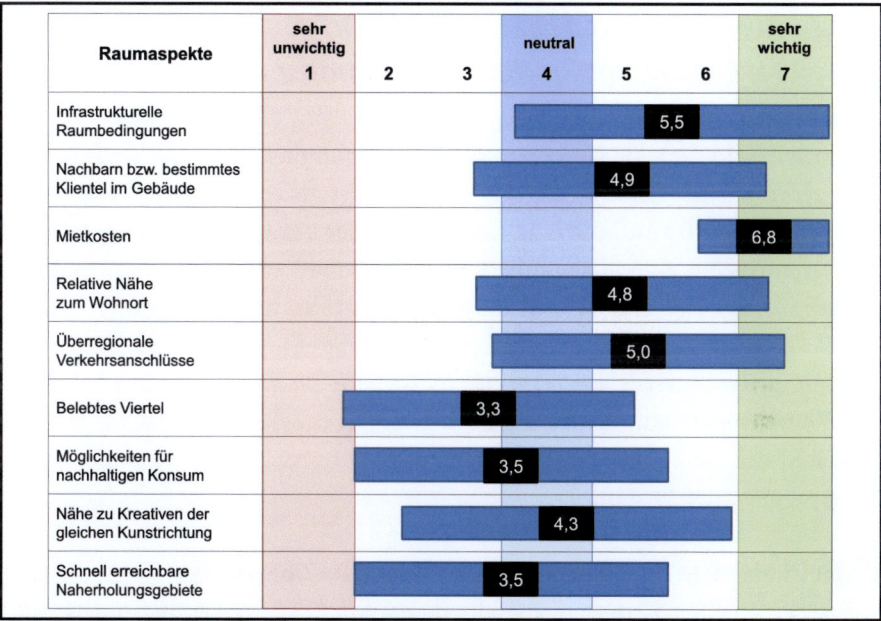

Abb. 6: Auswertung der Kurzabfrage ‚Raumaspekte nach Wichtigkeit'
Quelle: Eigene Darstellung; angegeben sind das arithmetische Mittel sowie die Standard-
abweichung der Antworten

Die Kriterien wurden zusätzlich per quantitativer Kurzabfrage überprüft, um entweder Abweichung zu den vorherigen freien Antworten zu finden oder um diese bestätigen zu können. Anhand einer *Likert*-Skala mussten die Probanden Aspekte von Arbeitsräumen nach ihrer Wichtigkeit bewerten. Aufgegriffen wurden auch Raumaspekte, die bisher noch nicht angesprochen worden sind. Dazu zählen der Bedarf an Möglichkeiten des nachhaltigen Konsums und der Bedarf an Naherholungsgebieten. Die Auswertung der Kurzabfrage spezifischer Raumaspekte ergab eindeutige Tendenzen von Anforderungen an Räume. Außerdem konnte eine grundsätzliche Übereinstimmung der Antworten zwischen den Manufakteuren und den Musikern festgestellt werden.[43] Eine Darstellung der Ergebnisse zeigt Abb. 6.

---

43   Die individuelle Produktionsleistung hatte im Vorfeld eher individuelle Ansprüche an den Raum vermuten lassen. Eklatante Unterschiede zwischen Manufakteuren und Musikern wurden nur in der benötigten Raumgröße festgestellt.

3.4.2 Entwicklung und Hierarchisierung von drei Bedarfskategorien der Raumansprüche

Aus den Antworten der Experteninterviews ergibt sich eine Hierarchie der Anspruchskriterien. Sie werden nach ihrer Wichtigkeit in drei Bedarfskategorien geordnet: die *Bedarfskategorie 1: Unbedingt zu erfüllende Raumkriterien* listet Raumaspekte auf, die eine Immobilie oder ein Quartier zwingend vorweisen muss, um eine florierende Kreativwirtschaft zu ermöglichen. *Bedarfskategorie 2: Bedingt zu erfüllende Raumkriterien* führt die Raumaspekte auf, die optimalerweise ein Raum aufweist; ein Defizit derer kann jedoch kompensiert werden. *Bedarfskategorie 3: Zu vernachlässigende Raumkriterien* führt diejenigen Raumaspekte auf, die in der Befragung als unwichtig deklariert worden sind und die ein Raum somit nicht aufweisen muss, um für Nutzung durch Kreative geeignet zu sein.

Bedarfskategorie 1: Unbedingt zu erfüllende Raumkriterien

Die wichtigsten Kriterien, die ein Raum für Künstler erfüllen muss, sind niedrige Mietkosten. Ist dieses Kriterium nicht erfüllt, werden Kreative diesen Ort nicht nutzen. Zudem muss eine günstige Beladeinfrastruktur mit Lastenaufzügen und Laderampen gewährleistet sein. Hinterhoflagen und Geschossetagen werden dadurch weitestgehend ausgeschlossen. Die Befragten gaben an, dass nur ein Standort für sie in Frage kommt, wo eine hohe Lärmtoleranz herrscht. Auch nachts muss lautstark gearbeitet werden können. Das Vorhandensein eines überregionalen Verkehrsanschlusses nannten alle Probanden an primärer Stelle. Schnelle Erreichbarkeit mit ausgewiesener Infrastruktur ist demnach ein wichtiges Kriterium. Ein Raum für die Kreativwirtschaft muss in der Innenstadt und in kurzer Entfernung zum Wohnort des Künstlers liegen. Das Quartier muss eine tolerante und offene Atmosphäre aufweisen.

Bedarfskategorie 2: Bedingt zu erfüllende Raumkriterien

Hinreichende Kriterien sind die Versorgung der Räume mit infrastruktureller Ausstattung. Heizung, Wasseranschlüsse innerhalb des Arbeitsraumes und Sanitäranlagen müssen vorhanden sein. Ein Mangel kann temporär kompensiert werden. Auf längere Sicht müssen sie im Raum jedoch gewährleistet sein. Die Probanden bewerten diese Kategorie in der Wichtigkeit für ihre

Arbeit unterschiedlich. Für Bildhauer und Maler ist Wasser u. a. zur Gipsan-rührung von Belang. Musiker brauchen ausreichend beheizte Räume für ihre Instrumente und um proben zu können. Die Manufakteure benötigen hohe Decken, um z. B. Kulissen aufbauen zu können.[44] Der Anschluss an ÖPNV-Stationen ist zweitrangig und die Entfernung zum Wohnort bedeutend wich-tiger.[45] Gleiches gilt für die Parkmöglichkeiten. Lediglich drei Experten gaben an, den PKW gelegentlich oder regelmäßig für den Arbeitsweg zu nutzen. Dennoch war einem Großteil der Befragten wichtig, dass für Kunden ausrei-chend Parkmöglichkeiten zur Verfügung stehen. Die Manufakteure benötigen zudem Parkplätze, um sporadisch (mit Leihwagen oder Kleintransportern) Waren zu transportieren.[46] Eine bestimmte Zusammensetzung der direkten Nachbarschaft innerhalb des Gebäudes ist nur bedingt wichtig.

Bedarfskategorie 3: Zu vernachlässigende Raumkriterien

Die Befragten gaben an, dass soziale Begegnungsorte oder Treffpunkte im Quartier nicht wichtig sind. „Den Zwang, dass alle den gleichen ‚Kaffee-Latte' trinken müssen, finde ich anstrengend und meiner kreativen Arbeit abträglich"[47]. Die Existenz eines Kreativquartieres ist keine Voraussetzung für die Ansiedlung von weiteren Künstlern. Ein Quartier mit einem hohen Anteil an Beschäftigten der Kreativwirtschaft wird nicht einem Viertel mit einer ge-ringeren Anzahl vorgezogen. Eine vermehrte Zusammenarbeit oder Umsatz-steigerung werden von einem Kreativviertel nicht erwartet.[48] Es konnte keine

---

44   An dieser Stelle muss allerdings ein wichtiges Paradoxon beachtet werden. Räumliche Mängel und Widrigkeiten können auch der kreativen Arbeit zuträglich sein, selbst wenn sie ursprünglich als Hindernis erachtet worden sind. So schildert 1c, dass aus Wasserman-gel neue Gestaltungsformen entstanden sind. Ein Raum, der alle Ansprüche erfüllt, bietet nicht zwingend die geeignetsten Bedingungen für erfolgreiches, kreatives Arbeiten.

45   Allerdings gilt dies nur eingeschränkt für die Kunden der befragten Kreativen. 2a und 2b gaben zu Protokoll, dass ihre Kunden und Kreativpartner von unkomplizierten ÖPNV-Anschlüssen abhängig sind. Sie kommen für Projekte oft aus ganz Deutschland oder dem Ausland nach Hamburg.

46   Auch Fahrradstellplätze werden benötigt (1a, Interview vom 24.08.2011).

47   2a, Interview vom 17.10.2011.

48   1d stellte diesbezüglich eine Besonderheit der Hamburger Kreativwirtschaft fest. „In Hamburg kann man nicht neue Kunden gewinnen, finde ich. [...] Weil Hamburg sehr verschwestert und verschwägert ist". In Berlin sei ihm Kundenakquise leichter gefallen (1d, Interview vom 15.09.2011).

Unbedingt zu erfüllen	Bedingt zu erfüllen	Zu vernachlässigen
Günstige Mietkonditionen	Infrastruktur des Raumes/ Gebäudes	Vorhandensein sozialer Begegnungs- und Vergnügungsorte
Positive Beladeinfrastruktur	ÖPNV-Anschluss (regionaler Verkehrsanschluss)	Nähe zu anderen Kreativen oder einem Kreativquartier
Hohe Lärmtoleranz	Parkmöglichkeiten	—
Überregionaler Verkehrsanschluss	Bestimmte Zusammensetzung der Nachbarn im Gebäude	—
Geringe Entfernung zum Wohnort	—	—
Atmosphäre der Toleranz, Offenheit und kulturellen Vielfalt	—	—

Tab. 3: Drei Bedarfskategorien der Raumkriterien
Quelle: Eigene Darstellung

enge soziale Anbindung an ein Kreativmilieu festgestellt werden. So wurde auch mehrmals das Internet als Quelle für Aufträge genannt. Soziale Treffen im Milieu haben für die Akquise neuer Aufträge weniger Relevanz.[49] Diese Feststellung bedeutet jedoch nicht, dass Zusammenarbeiten durch regelmäßige Begegnung und räumliche Nähe ausgeschlossen sind. Die einzigen Kooperationen, die über eine einmalige kurze Zusammenarbeit hinaus gingen und sich aus räumlicher Nähe ergaben, konnten bei 2d festgestellt werden.[50] Dennoch bleibt die Arbeit in der Nähe zu einem Kreativviertel drittrangig. Das theoretische Konstrukt einer sich reziprok aufeinander beziehenden Kreativ- und Wirtschaftsgemeinschaft konnte in Hamburg widerlegt werden. Die Befragten arbeiten für sich alleine und ziehen nur bei Materialmangel oder

---

49   1d, Interview vom 15.09.2011; 2b, Interview vom 26.10.2011; 2c, Interview vom 10.11.2011.
50   Zwei Grafik-Unternehmen zogen mit dem Musiker und Labelmanager in ein Büro und erstellen seitdem das Layout für Konzerte oder CD-Releases.

sehr spezialisiertem Wissen andere hinzu. Kooperationen erfolgen mit projektbasiert engagierten, freien Mitarbeitern.

Die Hierarchie der Raumaspekte ist in Tab. 3 in einer Übersicht dargestellt. Die festgelegten Raumkriterien werden im Folgenden auf zwei spezifische Räume angewendet, um deren Eignung für kreativwirtschaftliche Nutzung zu ermitteln. Die Auswahl der beiden Räume erfolgt aufgrund ihrer unterschiedlichen Konzepte zur Attrahierung von Kreativwirtschaft: bei der Themenimmobilie reguliert und kanalisiert die Stadt in hohem Maße, dagegen hat sich die Nutzung des Oberhafens ohne gezielte Beeinflussung entwickelt.

4 Exkurs Themenimmobilie

4.1 Begriffseinführung

Im Folgenden soll der Begriff der Themenimmobilie neu eingeführt werden. Für diese Untersuchung wird folgendes Verständnis einer Themenimmobilie zugrunde gelegt:

> *Eine Themenimmobilie ist ein saniertes oder neu errichtetes, frei stehendes Gebäude oder ein Gebäudekomplex, dem ein bestimmter Zweck oder eine zweckliche Nutzung innerhalb einer Stadt zugewiesen wird. Sie weist eine hohe Anzahl an zu vermietenden Räumen auf. Die Vermietung bzw. der Verkauf von Räumlichkeiten erfolgt restriktiv gesteuert durch eine Instanz und nur an Akteure, die in die übergeordnete Nutzungsbestimmung und das Thema integrierbar sind bzw. die Erfüllung des Themen-Zwecks garantieren.*[51]

Die Definition weist eine inhaltliche Nähe zu Gründerzentren auf. Die Themenimmobilie unterscheidet sich jedoch in folgenden Charakteristika:

▸ Es erfolgt keine umfassende Betreuung bezüglich betriebswirtschaftlicher Vorgehensweisen oder Best-Practice-Anleitungen für die Mieter (vgl. SCHWARTZ/HORNYCH 2008: 10).

▸ Themenimmobilien weisen keine Diversifizierung der Arbeitsfelder der Unternehmen auf.[52]

▸ Bei Themenimmobilien gehören die Unternehmen nicht vorrangig zur Technologie- und Naturwissenschaftsbranche (vgl. LIEFNER 2004: 290-291; BENZLER/WINK 2000: 423). Die Themenimmobilie beschränkt die Mieterzusammensetzung auf ein spezifisches Berufsfeld oder eine konkrete Kunstrichtung.

---

51 Da nach derzeitigem Kenntnisstand bisher noch keine wissenschaftlichen Veröffentlichungen zu Themenimmobilien erschienen sind, basiert die vorliegende Definition auf Erkenntnissen und Recherchen der Verfasserin.

52 Damit kann auch die Rotterdamer *Creative Factory* nicht zu den Themenimmobilien gezählt werden.

Eine Übereinstimmung weist die Themenimmobilie jedoch mit Gründerzentren auf: Die Mieter profitieren von geförderten Mietkonditionen und u. U.
einer Image-Wirkung der Immobilie.

Themenimmobilien sind auch keine „gebrandeten" Immobilien, wie beispielsweise das Nivea-Haus an der Alster oder das Unilever-Gebäude in der
HafenCity, die für einen finanzstarken Mieter gebaut worden sind und dadurch
eine Markenwirkung entfalten.[53] *Branded spaces* werden geschaffen, um Orten
einen symbolischen Zusammenhang zwischen Eigenschaften des Produktes
und der Umgebung zu verleihen (vgl. LEHMANN 2008: 58; SPARS 2010: 85; MO-
LOTCH 2002: 685-686; PIKE 2011: 208).

Gemeint sind nicht Immobilien wie das *Brahms Kontor*, das zwecks ange-
strebter Vermietung der Wohn- bzw. Büroflächen mit einer gezielten Tituli-
rung belegt wird. Mietverträge sind nur regulär kündbar. Mieteinheiten sind
in sich geschlossen und werden intern unabhängig bezogen. Das Primärziel
einer solchen „gebrandeten" Immobilie ist die schnelle Vermittlung an solvente Mieter und die Etablierung einer *Unique Selling Proposition* gegenüber
anderen Mietangeboten oder (Gewerbe-)Immobilien. Die Themenimmobilie
hingegen hat das Primärziel, flexible Mietkonditionen zu schaffen, die sich
sowohl auf die Miethöhe als auch auf die Raumgröße beziehen. Sie entsteht
i. d. R. auf Initiative eines städtischen Entwicklungsagens.

4.2 Modelle Hamburger Themenimmobilien

Ein Überblick über die Hamburger Themenimmobilien soll den Stellenwert
dieser kreativwirtschaftlich nutzbaren Immobilien aufzeigen.

4.2.1 gamecity:Port

Der Hamburg gamecity:Port ist eine Immobilie, die sich auf die Förderung
von Computerspiel-Entwicklern konzentriert. Die übergeordnete Nutzungsbestimmung ist die Förderung der Vernetzung der Computerspielbranche und
die Schaffung möglichst günstiger Bedingungen zur Unternehmensgründung.
Die Immobilie liegt in den Gewerbegebäuden der ehemaligen Gunske Höfe

---

53 Klassische Beispiele sind auch Sportstätten und Arenen, die mit den Namen von Wirt-
    schaftsunternehmen oder Marken versehen werden und über die positive Assoziierung
    zu Sport und Events eine Aufwertung ihrer Marke oder ihres Firmennamens bezwecken.

in St. Pauli und wurde von der *Stadterneuerungs- und Stadtentwicklungsgesellschaft Hamburg mbH* (im Folgenden: STEG) als Projektentwicklerin in Kooperation mit *Gamecity Hamburg* und der Behörde für Wirtschaft und Arbeit realisiert (vgl. STEG 2008). Kleinfirmen der Computerspielbranche können auf 465 m² Fläche 13 Arbeitsräume nutzen. Die Mieteinheiten haben kurze Kündigungsfristen und besitzen einen gemeinsam nutzbaren Konferenzraum. Eine unbeschränkte Anmietung des gamecity:Port durch Interessenten kann nicht erfolgen (die max. Mietdauer beträgt drei Jahre). Der Fokus liegt auf einer Parzellierungen mit einer Vielzahl kleiner Räume. Die Mietkosten für die 16 bis 31 m² großen Raumeinheiten werden in den ersten zwei Jahren von der Freien und Hansestadt Hamburg (FHH) gefördert (vgl. ebd.). Die Mieterbelegung wird von der STEG überprüft und restriktiv vorgenommen.

Die Kriterien einer Themenimmobilie können als erfüllt gewertet werden. Der gamecity:Port dient als Konzept, eine einzelne Sparte der Kreativwirtschaft konkret zu fördern und zu unterstützen.

4.2.2 Viktoria-Kaserne Altona

Die Viktoria-Kaserne ist die Ausgleichsfläche für die Künstlergemeinschaft des abgerissenen *frappant*-Hauses. Das Gebäude mit der gründerzeitlichen Backsteinfassade ist die ehemalige Polizeikaserne Altona, von der heute nur der südwestliche Teil vom Abriss verschont wurde (vgl. FRAPPANT E. V. 2011). Die Viktoria-Kaserne liegt innerhalb eines Wohngebietes und direkt angrenzend an den Allee-Sportplatz Altona-Nord. Eine Kirchengemeinde und Kinderspielplätze prägen neben Wohngebäuden die Quartiersnachbarschaft. Die Kaserne ist mit dem Bahnhof Altona und der S-Bahn Holstenstraße durch den ÖPNV erschlossen. Die Künstler arbeiten auf einer Fläche von 3.500 m² (vgl. IRLER 2010). Dazu zählen sowohl einzeln genutzte Büroräume als auch gemeinschaftliche Ausstellungsflächen im Erdgeschoss und im Innenhof.

Eine Parallele zum gamecity:Port ist deutlich zu erkennen. Die Parzellen sind ähnlich schmal. Der Raum ist dem Verein ursprünglich durch die FHH zur Verfügung gestellt worden. Diese unterstützt die Künstler mit anteilig subventionierten Mieten. Der *frappant e. V.* entscheidet jedoch selbstständig und restriktiv über die Belegung des Gebäudes. Derzeitige Mieter sind Mediendesigner, Street-Artists, Wandkünstler, Performance-Künstler, Fotografen, aber auch IT-Spezialisten und Grafik-Designer. Laut Aussage eines Vertreters des *frappant* gibt es eine lange Warteliste für Räume.[54]

Drei Kriterien der Themenimmobilie sind durch die Viktoria Kaserne erfüllt: Es handelt sich um einen Gebäudekomplex, es steht eine Vielzahl an Räumen zur Verfügung und die Raumvergabe erfolgt restriktiv. Wichtige Kriterien sind jedoch nicht erfüllt. Für die Viktoria-Kaserne ist keine übergeordnete Nutzungsbestimmung festgelegt worden. Die Künstler teilen sich das Gebäude u. a. mit einer Außenstelle der Universität Hamburg, sind also keine exklusiven Mieter. Der Mietvertrag gilt nur bis Juni 2012. Ab dann ist von der FHH eine Wohnnutzung für das Gebäude vorgesehen.[55] Es handelt sich also bei der Gebäudebelegung durch Künstler lediglich um eine Zwischennutzung.

4.2.3 Zusammenfassung und Ausblick Hamburger Themenimmobilien

Die untersuchten Beispiele zeigen, dass nicht jedes Gebäude, das monostrukturell genutzt wird, eine Themenimmobilie ist. Die Viktoria Kaserne ist aufgrund der großen Anzahl an Einzelräumen zwar beliebt, es wurde jedoch kein übergeordnetes Nutzungsthema bestimmt. Die ungesicherte Nutzungsdauer verhindert eine langfristige Planung und Netzwerkentwicklung der Kreativen. Der gamecity:Port ist ein erstes Beispiel einer Themenimmobilie, die von Spielentwicklern nachgefragt wird und den Erfolg eines solchen Konzeptes zeigt. Eine weitere Themenimmobilie ist das Karostar, das anhand der entwickelten Bedarfskategorien der Kreativen auf seine Tauglichkeit für kreativwirtschaftliche Nutzung hin überprüft wird.

---

54   Die Information entstammt einem informellem Gespräch mit Martin Wojciechowski, Mitglied des *frappant e.V.*, vom 28.07.2011.

55   1c, Interview vom 29.08.2011.

5 Das Karostar Musikhaus

Das Karostar Musikhaus St. Pauli ist ein von der STEG konzipiertes Gebäude der gezielten musikwirtschaftlichen Förderung und wird als Themenimmobilie restriktiv durch die Stadt Hamburg nur an Akteure des musikalischen, kreativwirtschaftlichen Bereichs vermietet. 2005 wurde das Karostar eröffnet, gebaut von den Architekten *Dalpiaz und Gianetti*. Es entstanden Kosten in Höhe von 5,4 Mio. Euro[56] (vgl. STEG 2011a).

5.1 Quartierseinordnung des Karostar in den Hamburger Kontext

Das Karostar liegt im Hamburger Stadtteil St. Pauli, mitten im Dreieck zwischen Heiligengeistfeld, Schanzenviertel und *Planten un Blomen*. Das Karostar wird durch die Station Feldstraße mit der U-Bahn Linie drei nahverkehrlich erschlossen. Räumlich fungiert das Gebäude als Verbindungsstück zwischen dem westlichen Schanzenviertel und dem östlichen Karolinenviertel. Dies geschieht aus hauptsächlich zwei Gründen. Erstens: Die neue *Schlachthofpassage* verbindet die Sternstraße mit dem Vorplatz des Karostar. Östlich weiterführend schafft eine neue Fußgängerbrücke über die U-Bahn-Gleise einen Übergang für Passanten in das Karolinenviertel.[57] Der zweite Grund ist die Schaffung eines öffentlichen Raumes, der Aufenthalt, Verweilen und Begegnung ermöglicht. So wurde der Vorplatz des Karostar bewusst unbebaut und offen gehalten und mit Holzplanken ausgelegt. Holzquader dienen zusätzlich als Sitzmöglichkeiten. Eine Holztribüne mit sechs Ebenen bildet den nördlichen Abschluss des Platzes. Sie greift das Musikthema im Sinne eines Konzertplatzes auf.

Das Karostar schließt an ehemalige Industriefabrikgebäude der Hamburger Rinderschlachthöfe an. Diese haben mittlerweile eine Mischnutzung erfahren. Einige Räume an der Sternstraße werden seit ihrer Inwertsetzung von

---

56   Die Baukosten werden anteilig durch den *Europäischen Fond für regionale Entwicklung* (EFRE) und durch Mittel der Behörde für Wirtschaft und Arbeit (BWA) getragen (vgl. STEG 2011a).

57   Nördlich der U-Bahn-Haltestelle Feldstraße wird die Bahntrasse auf einer Strecke von ca. 2 km oberirdisch geführt.

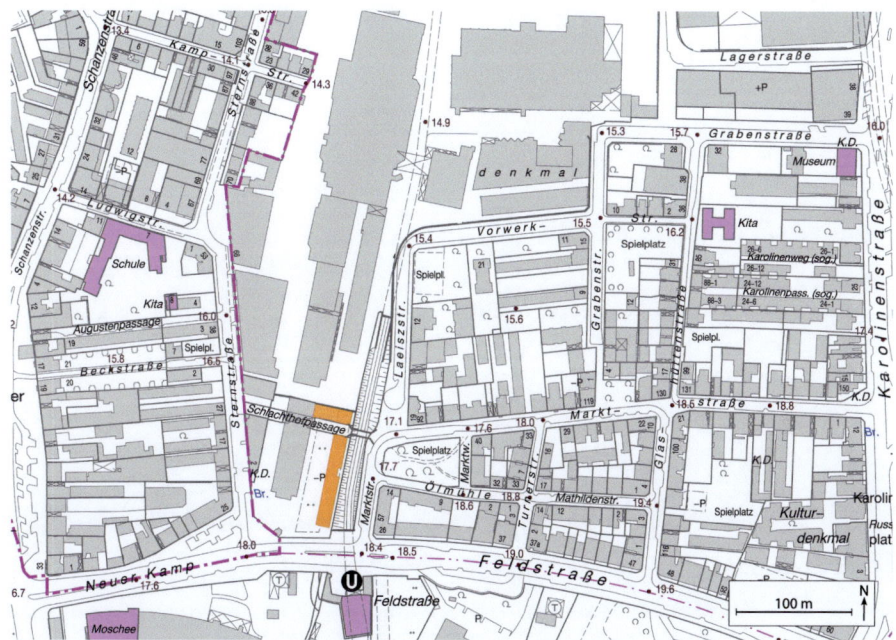

Abb. 7: Darstellung des Karostar im Hamburger Kontext
Quelle: Eigene Darstellung, verändert nach Kartengrundlage DK5 –
Landesbetrieb Geoinformation und Vermessung 2010; Maßstab 1:5000

Kleinunternehmen der Kreativwirtschaft genutzt, so finden sich hier z. B. ein Vertrieb für Sportschuhe, eine Fahrradmanufaktur, diverse kleine Boutiquen[58] und verschiedene Buchfachhandel; in der Feldstraße sind zudem Wohnräume vorhanden. Die Quartiere um das Karostar weisen also auch Wohnbevölkerung auf. In unmittelbarer Nähe liegen die Hauptvergnügungsorte St. Paulis: das Heiligengeistfeld (mit Sommer- und Winterdom), das Millerntorstadion des FC St. Pauli und das *Uebel & Gefährlich* im St. Pauli Bunker. Direkt gegenüber des Eingangs des Karostar liegt der Konzertclub *Knust*. Beide Gebäude öffnen sich architektonisch zu einem gemeinsamen Vorplatz. Abschließend lässt sich festhalten, dass das Karostar inmitten bereits etablierter Kreativquartiere platziert worden ist.

---

58   In unmittelbarer Nähe befinden sich auch namhafte Independent-Kleidungslabel und -boutiquen wie *Claptomanix*, *Blutsgeschwister*, *garment* und *Boys Boys Boys*.

Abb. 8: Das Karostar in Hamburg
Quelle: Eigene Fotografie vom 28.07.2011, Blick nach Südosten

5.2   Die Gebäudespezifika der Immobilie Karostar

Derzeit nutzen 29 Vertreter der Musikwirtschaft das Karostar. Diese wird re-
präsentiert von Musikproduzenten, einem Konzertensemble-Management,
Musikverlagen, kleinen Plattenlabels und deren Marketingabteilungen und
Enddistribution wie der CD-Einzelhandel *Hanseplatte*. Zusätzlich sind zwei
gemeinnützige Projekte vorhanden: *vivaconagua* und das *Datcha* Projekt.[59]

Die Mieter (vgl. Anhang 4) nutzen ein spezifisches Raumangebot in der
Themenimmobilie. Das Karostar ist dreigeschossig mit einer Bruttogeschoss-
fläche von 2.500 m² (vgl. STEG 2011a). Im Erdgeschoss befinden sich mehrere
Ladenflächen, von denen allerdings derzeit nur zwei genutzt werden (Stand:
November 2011). Hinzu kommen drei Tonstudios mit unterschiedlichen Ab-

---

59   Die gemeinnützigen Projekte zählen nicht direkt zur Musikwirtschaft, erhalten Spenden-
       gelder und Aufmerksamkeit jedoch vornehmlich durch Konzerte, Partys und interkultu-
       relle musikalische Veranstaltungen.

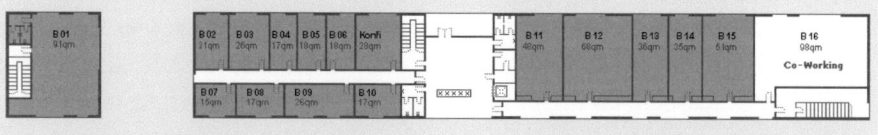

Abb. 9: Raumplan Karostar 1. OG
Quelle: Eigene Darstellung, verändert nach IconScreen in: STEG 2011b

messungen. Ein Teilgebäude steht eigenständig, getrennt durch die Schlacht-hofpassage (vgl. Abb. 7 und 9). Im 1. und 2. Obergeschoss des Hauptgebäudes sind 33 Raumeinheiten von 15-68 m² Größe vorhanden. Die kleineren Räume sind im nördlichen Teil (s. Abb. 9, linke Seite) beiderseits eines Mittelgangs an-geordnet, die Einheiten ab 30 m² liegen im südlichen Bereich. Die Büros teilen sich auf jedem Geschoss einen Konferenzraum und eine offene Küchenzeile. Dieser Aufenthaltsbereich ist das Verbindungsstück zwischen den nördlichen und südlichen Räumen. Ein Balkon dient als gemeinsamer Raucherbereich. Der Fahrstuhl bzw. Lastenaufzug verbindet die Etagen mit der Tiefgarage. Die Miete beträgt 5,50-6,50 Euro pro m² (vgl. STEG 2011b).

5.3 Überprüfung des Karostar anhand des Kriterienkatalogs

5.3.1 Überprüfung der Bedarfskategorie 1: Unbedingt zu erfüllende Raumkriterien

▶ Günstige Mietkonditionen
Die m²-Preise sind aufgrund von Subventionen der Stadt Hamburg rund 53 % niedriger als sie auf dem Immobilienmarkt dieses Stadtgebietes eigent-lich üblich wären (vgl. HANDELSBLATT 2011).[60] Ohne Ausnahme gaben alle befragten Experten an, dass eine zu hohe Miete schwer durch projektbasier-te Einnahmen aufgefangen werden kann. 1d erklärte, dass bereits eine Un-

---

60 Die zugrunde gelegten Daten, auf die sich das Handelsblatt stützt, entstammen dem selbst entwickelten Immobilienpreisindex IMX des Internet-Immobilien-Anbieters *Immobili-enScout24.de*, der anhand der gesamten auf dieser Internetseite angebotenen Objekte er-mittelt wird. Für St. Pauli ergibt sich eine durchschnittliche Miete von 12,33 Euro pro m². Eine Erhebung mit allen vor Ort vorhandenen Immobilien kann eine abweichende Durchschnittsmiete ergeben.

ternehmensinsolvenz aus einer zu hohen Miete resultierte. Der Ratschlag an raumsuchende Künstler lautete: „Man sollte sich gerade am Anfang nicht übernehmen, da man die finanzielle Belastung schnell unterschätzen kann."[61] Experte 2d gab allerdings an, dass das Karostar nicht so günstig sei, wie der erste Eindruck dies vermuten ließe. Für einen über 30 m² großen Raum im Karostar seien die Kosten höher gewesen, als für größere Räume in der Feldstraße neben der Themenimmobilie. Zusätzlich könne er nun über einen Keller mit extra Stauraum verfügen.[62] Dieser Umstand zeigt, dass städtische Subventionen mittels der Themenimmobilie nicht zwingend die günstigsten Mietkonditionen für Kreative bieten. Dennoch ist das Raumkriterium einer geringen Miete grundsätzlich erfüllt.

▶ Positive Beladeinfrastruktur

Der Möglichkeit, große Gegenstände leicht ein- und auszuladen, ist von allen Experten, trotz unterschiedlicher Kunstrichtungen, gleichermaßen eine hohe Priorität beigemessen worden. Der Zulieferbereich ist die Tiefgarage, die von der Feldstraße aus direkt angefahren werden kann. Das bedeutet eine eingeschränkte Rangiermöglichkeit für LKWs. Ladekanten sind nicht vorhanden, die den Weitertransport großer Objekte (z. B. Musikinstrumente) innerhalb des Hauses erleichtern würden. Jedoch verbindet ein Lastenfahrstuhl das Parkdeck direkt mit den Etagen. Die Experten beurteilten Stockwerklagen negativ.[63] Eine günstige Be- und Entladung ist durch das Karostar folglich nicht im vollen Umfang erfüllt.

▶ Hohe Lärmtoleranz

Allen Befragten ist eine liberale Einstellung der Nachbaranlieger gegenüber Lärmverschmutzung wichtig. Das Karostar ist allerdings nicht dafür konzipiert und ausgelegt. Die Räume und Betonwände sind nicht schallisoliert.[64] Um Tonaufnahmen zu ermöglichen, sind Eigenbauten in den Räumen notwendig, die den Schallschutz gewährleisten. Einer der Interviewpartner gab an, dass auch die Raumaufteilung schallakustisch ungüns-

---

61   1d, Interview vom 15.09.2011.

62   2d, Interview vom 10.11.2011.

63   1a, Interview vom 24.08.2011; 1c und 1b, Interviews vom 29.08.2011; 1d, Interview vom 15.09.2011; 2d, Interview vom 10.11.2011.

64   Ausgenommen sind die drei vorhandenen Tonstudios des Karostar, die jedoch nur einen geringen Anteil der gesamten Fläche ausmachen.

Abb. 10: Schallraum als Eigenbau im Karostar
Quelle: Eigene Fotos vom 10.11.2011

tig sei: „Zum Telefonieren mussten wir auf den Gang ausweichen".[65] Wie in Kapitel 5.1 dargestellt, wird die Trasse der U3 oberirdisch geführt. Wider Erwarten stellt diese Lärmquelle jedoch kaum eine Behinderung der Künstler dar. Lärmverschmutzung durch andere Musik, also Taktverunreinigungen, wiegen schwerer.[66] So kann kontinuierliches Bahnrauschen zum Üben durchaus ausgeblendet werden. Mit Ausnahme der geringen Anzahl der Raum-in-Raum konzipierten Tonstudios erfüllt das Karostar den Anspruch der hohen Lärmtoleranz durch die Nachbarn eher nicht.

▶ Überregionaler Verkehrsanschluss
Die Zentrumslage des Karostar bedeutet eine verlangsamte Erreichbarkeit mit dem PKW bzw. LKW von überregionalen Verkehrsachsen. Die Anschlussstellen der BAB 1 und BAB 7 sind laut Stadtplan zwar nur zehn Minuten entfernt, zur Rush Hour beträgt die Fahrtzeit aus der Innenstadt jedoch deutlich länger.[67] Der Hauptbahnhof ist nach sieben S-Bahn-Stationen zu erreichen. Die Nähe zu überregionalen Verkehrsanschlüssen ist folglich zwar gegeben, aber nicht in einem optimalen Maße.

---

65   2d, Interview vom 10.11.2011.
66   Ebd.
67   Eigene Messung der Fahrtzeit während des Feierabendverkehrs.

Abb. 11: Atmosphäre des Karostar-Vorplatzes
Quelle: Eigene Fotos vom 28.07.2011

▶ Geringe Entfernung zum Wohnort

Die Nähe des Arbeitsortes zum Wohnort ist Künstlern wichtig. Die vorliegende Untersuchung ergab, dass das Fahrrad als primäres tägliches Trans-
portmittel dient. Da die angrenzenden Stadtquartiere St. Pauli und das
Schanzen- und Karolinenviertel auch Wohnviertel sind, ist eine Nähe zum
Wohnort wahrscheinlich. Dieses Raumkriterium kann allerdings nur eingeschränkt beurteilt werden, da die Wohnorte der Karostar-Mieter individuell
unterschiedlich sind.

▶ Atmosphäre der Toleranz, Offenheit und kulturellen Vielfalt

Das Karostar ist als subventioniertes Gebäude für externe Musiker zugangsbeschränkt. Der Einlass erfolgt nur über eine Gegensprechanlage. Die Themenimmobilie kann nicht (im Sinne des Pionierstadiums) eigenständig
betreten oder erschlossen werden. Das Schanzenviertel und St. Pauli sind
jedoch zweifelsohne Quartiere, die von vielfältigen sozialen Gruppen geprägt sind und insgesamt für den Raum eine Atmosphäre der kulturellen
Vielfalt, Offenheit und Toleranz schaffen (vgl. Abb. 11).

Abb. 12: Rauminfrastruktur des Karostar
Quelle: Eigenes Foto vom 26.10.2011

5.3.2 Überprüfung der Bedarfskategorie 2: Bedingt zu erfüllende Raumkriterien

▶ Infrastruktur des Raumes bzw. des Gebäudes
Die Künstler fragen nicht nach spezifischen Raumausstattungen, wobei sich die Ansprüche der Manufakteure und der Musiker in Bezug auf die Raumgröße unterscheiden. Die Raumgröße ist mit max. 91 m² für die Manufakteure zu klein, für Musiker hingegen ausreichend. Die Räume sind beheizt und mit Strom versorgt; eine Küchenzeile mit Wasseranschluss, WCs und ein Konferenzraum auf der Flurebene sind vorhanden. Es wurde bemängelt, dass sich lediglich zwei Stromanschlüsse am äußersten Ende eines Raumes befänden und dadurch die Nutzung des Raumes eingeschränkt sei.[68] Die Großraumgestaltung ohne Möglichkeiten zur Raumparzellierung wurde für die künstlerische Arbeit negativ bewertet (vgl. Abb. 12). Dokumentiert werden muss bezüglich der Ausstattung der Räume, dass auf akustisch günstige

---

68   2d, Interview vom 10.11.2011.

Bedingungen für Musiker nicht geachtet wurde.[69] So ist die Architektur mit Betondecken, der Estrichboden und die unverputzten Wände ein „akustischer Alptraum".[70] Der Experte wertet auch die Erschütterungen (nicht den Lärm), die von den S-Bahnen der U3-Trasse hervorgerufen werden, als stark beeinträchtigend.[71] Die infrastrukturellen Voraussetzungen sind für Musiker grundsätzlich gegeben. Dennoch müssen bezüglich der Eignung für Musiker Einschränkungen festgestellt werden. Für Manufakteure ist das Karostar nicht geeignet.

▶ Guter ÖPNV-Anschluss

Ein guter ÖPNV-Anschluss ist durch die U3-Haltestelle Feldstraße gewährleistet. Sie liegt unmittelbar gegenüber des Karostar, lediglich durch die Feldstraße getrennt. Dieses Bedarfskriterium wird durch die Themenimmobilie voll erfüllt.

▶ Parkmöglichkeiten

Parkplätze sind im Quartier wenig vorhanden und liegen in einiger Entfernung zum Karostar. Das Karostar verfügt aus diesem Grund über eine eigene Tiefgarage mit 87 Stellplätzen (vgl. STEG 2011a). Diese werden von den Mietern, aber auch von Anliegern des benachbarten Viertels, gemietet. Sollte es zu einer Auslastung kommen, stehen außerhalb jedoch nur eingeschränkt Parkmöglichkeiten zur Verfügung.[72] Der Parkraum wurde von den befragten Karostar-Mietern, die darüber Auskunft geben konnten, jedoch positiv beurteilt. Externe Besucher müssen eine Parkgebühr entrichten. Parkmöglichkeiten für LKW sind nur bedingt gegeben. Das Raumkriterium Parkmöglichkeiten ist erfüllt.

---

69   Dies gilt mit Ausnahme der drei Ton-Studios. Laut Aussage von 2d kann das kleine Studio jedoch nur als Proberaum genutzt werden. Die eigentlichen Albenaufnahmen erfolgen in externen professionellen Tonstudios.

70   2b, Interview vom 26.10.2011.

71   Ebd.

72   Die nächstgelegenen Parkplätze sind vereinzelte Parkbuchten in der Sternstraße und in der Marktstraße, die bei den Begehungen jedoch immer voll belegt waren. Der Parkplatz Heiligengeistfeld bietet an der Ecke Feldstraße/Glacischaussee ca. 140 kostenpflichtige PKW-Parkplätze. In der Budapester Straße stehen 65 Parkplätze für das Millerntorstadion zur Verfügung. Die letzteren sind für Ein- und Ausladungen von Equipment und Arbeitsmaterialien aufgrund der Entfernung ungeeignet.

Abb. 13: Aufenthaltsbereich des Karostar
Quelle: Eigenes Foto vom 10.11.2011

▶ Bestimmte Zusammensetzung der Nachbarn im Gebäude
Die Mieter des Karostar sind alle Akteure der Musikwirtschaft. Die befragten Experten gaben unterschiedliche Präferenzen der Nachbarschaftszusammensetzung an. So müssen potenzielle Nutzer der Themenimmobilie individuell entscheiden, ob sie diese Konzentration von Musikern nachfragen wollen oder eine diversifiziertere Nutzung eines anderen Raumangebotes bevorzugen.[73] Das Karostar könnte mit seiner branchenspezifischen Belegung eine ideale Basis für Synergieeffekte zwischen den Musikern bieten. 2b befürwortet die Möglichkeit, schnell innerhalb des Hauses Dienstleister ansprechen zu können. Kooperationen seien jedoch bisher nicht vorgekommen.[74] 2c gab jedoch an, er wisse gar nicht, was auf den anderen Fluren passiere und habe nach den Mieterwechseln den Überblick verloren.[75] 2d stellte fest, dass „Synergieeffekte nicht mit Musikern oder mit Musikvertrieben entstanden sind, allerdings mit Grafikern, die jedoch bereits vor dem Bezug des Karostar existierten"[76]. Der Aufenthaltsbereich der Küchenzeile war zu keinem Zeitpunkt der Recherchen gleichzeitig von mehreren Mietern genutzt worden (vgl. Abb. 13). Eine Interaktion im Aufenthaltsbereich wurde während der Untersuchung nicht festgestellt.

---

73   2c und 2b befürworteten die Nähe zu anderen Künstlern, 2a lehnte dies eher ab.
74   2b, Interview vom 26.10.2011.
75   2c, Interview vom 10.11.2011.
76   2d, Interview vom 10.11.2011.

5.3.3 Überprüfung der Bedarfskategorie 3: Zu vernachlässigende Raumkriterien

Einen Raum auf ein Kriterium hin zu überprüfen, das von den Befragten als zu vernachlässigend eingestuft wurde, wird dann notwendig, wenn der Raum oder die Immobilie sich gerade durch diese Raumaspekte auszeichnet, also dann, wenn sich Alleinstellungsmerkmale des Gebäudes hauptsächlich auf die Bedarfskategorie 3 beziehen.

▶ Vorhandensein sozialer Begegnungs- und Vergnügungsorte
Das *Knust* und das *Uebel & Gefährlich* sind wichtige Anlaufstellen der Hamburger Musikszene. Auch Kneipen, Cafés und Restaurants sind zahlreich im Schanzen- und Karolinenviertel vertreten. Möglichkeiten für soziale Begegnungspunkte der Kreativen sind erschöpfend vorhanden. Insbesondere das *Uebel & Gefährlich* wird von den befragten Karostar-Mietern zwar sowohl für eigene Auftritte als auch für Konzertbesuche genutzt, die räumliche Nähe war für sie jedoch kein Standortvorteil des Karostar und keine ausschlaggebende Entscheidungshilfe.[77]

▶ Nähe zu anderen Kreativen oder einem Kreativquartier
Die Annahme, dass wirtschaftliche Prosperität und Aufträge aus der räumlichen Nähe und der regelmäßigen Begegnung kreativwirtschaftlicher Akteure resultieren, entstammt den amerikanischen Untersuchungen und Ergebnissen der Kreativwirtschaft. Diese Grundannahme konnte bisher für Hamburg nicht bestätigt werden. Das Karostar liegt in unmittelbarer Nähe eines bereits etablierten Hamburger Kreativquartiers. Die Experten gaben diesbezüglich an, dass keine Zufallsbegegnungen zu Aufträgen führten oder Unternehmen für Projektkooperationen herangezogen wurden. Die Raumkriterien, die die Kreativen am wenigsten präferiert haben, sind folglich im Karostar besonders ausgeprägt.

5.3.4 Zusammenfassung der Raumkriterien des Karostar

Die Raumaspekte, die für die Kreativen unbedingt vorhanden sein müssen, sind in Bezug auf günstige Mieten erfüllt. Auch die Nähe zum Wohnort ist im Rahmen der Befragung von den Experten bestätigt worden. Die Beladeinfrastruktur ist nur bedingt erfüllt, Lärmtoleranz aufgrund der mangelnden

---

77   2d, 2c Interviews vom 10.11.2011 und 2b, Interview vom 26.10.2011.

Schallisolierung dagegen nicht. Die Raumaspekte der zweiten Bedarfskategorie sind mit der Raumausstattung und der U-Bahn Haltestelle Feldstraße abgedeckt. Das Kriterium der Parkplätze ist eingeschränkt erfüllt. Der Etagenbau und die geringe Schallisolierung des Gebäudes müssen aus Sicht der Künstler negativ beurteilt werden. Die Themenimmobilie zeichnet sich insbesondere durch die Raumeigenschaften aus, die den Künstlern am wenigsten wichtig sind. Ein dichtes, benachbartes Netz an sozialen Begegnungsorten und die unmittelbare Nähe zu Kreativen ist vorhanden, wird aber nicht nachgefragt. Daraus ergibt sich die Erkenntnis, dass das Karostar als Arbeitsraum für Künstler als Akteure der ersten Stufe des kreativwirtschaftlichen Verwertungszyklus' (vgl. Abb. 2) nicht geeignet ist. Die Immobilie ist eher für Nutzer des Distributionssektors bzw. der zweiten Stufe des kreativwirtschaftlichen Verwertungszyklus' konzipiert worden. Primäre Zielgruppe dieser Themenimmobilie sind demnach Akteure, die Büroräumlichkeiten benötigen. Das Karostar ist für Künstler an sich eher ungeeignet.[78]

---

78 Ausgenommen sind Musiker, die digital instrumentieren und deshalb lediglich Raum für Computertechnik benötigen.

6 Der Oberhafen

Für den Oberhafen sind sowohl eine exklusive Zentrumslage als auch eine prägende industrielle Nutzung charakteristisch. Gemäß der theoretischen Annahme einer höheren Bodenrente[79] und höherer Bodenpreise je geringer die Distanz zum städtischen Zentrum ist (vgl. Abb. 14[80]), müsste der Oberhafen mit hochpreisigen Bürokomplexen und Einzelhandelsunternehmen erschlossen worden sein, wie es bei der HafenCity bereits der Fall ist. Die HafenCity als direkter Anrainer wartet mit den höchsten Mieten der Hansestadt auf, im Oberhafen stehen dagegen Lagerhallen mit geringen Mietpreisen zur Verfügung. Die isolierte Lage und die Bodenpreise des Oberhafens sind für die Kreativwirtschaft von immenser Bedeutung.

6.1 Einbettung des Oberhafens in den städtischen Kontext

Im Gegensatz zum Karostar als lediglich freistehendem Einzelgebäude stellt der Oberhafen Freiflächen und mehrere Gebäudekomplexe zur Verfügung. In der Abb. 15 sind die nordöstlich verlaufende Bahntrasse und das sich nach Westen erstreckende Gebiet der HafenCity zu erkennen. Östlich des Oberhafens (gelb markiert) und des Hafenbeckens befindet sich die Großmarkthalle.

Der Oberhafen Hamburg liegt im Stadtteil Hamburg-Mitte (ehemals Klostertor) und ist nur knapp 2 km vom Hauptbahnhof und dem Stadtzentrum und 600 m von der U-Bahn-Haltestelle Steinstraße entfernt. Das Gebiet erstreckt sich von der Oberhafenstraße unterhalb der Oberhafenbrücke im Norden bis zum breitesten Punkt des Oberhafenbeckens im Süden und wird vom Oberhafenbecken im Osten und im Westen durch die Bahntrasse Hamburg-Hannover eingefasst. Der Oberhafen liegt auf der verlängerten Raumachse einer Reihe von Hamburger Kulturstandorten (im Folgenden auch *Hamburger Kulturachse*), darunter (von Nord nach Süd) die Hamburger Kunsthalle, das

---

79 Die Bodenrente (oder Lagerente) ist der „Nettogewinn, den eine Fläche an einem bestimmten Standort (unabhängig von Arbeitsleistung und Kapitalaufwand) abwirft" (HEINEBERG 2006: 117).

80 Nebengeschäftszentren an Verkehrsknotenpunkten oder Ausfallachsen sind in der Grafik nicht berücksichtigt.

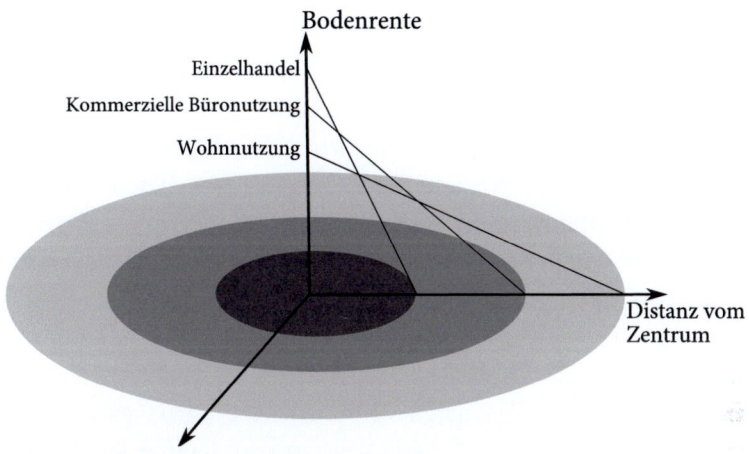

Abb. 14: Dreidimensionales Bodenrentenmodell
Quelle: Eigene Darstellung, verändert nach: HEINEBERG *2006: 119*

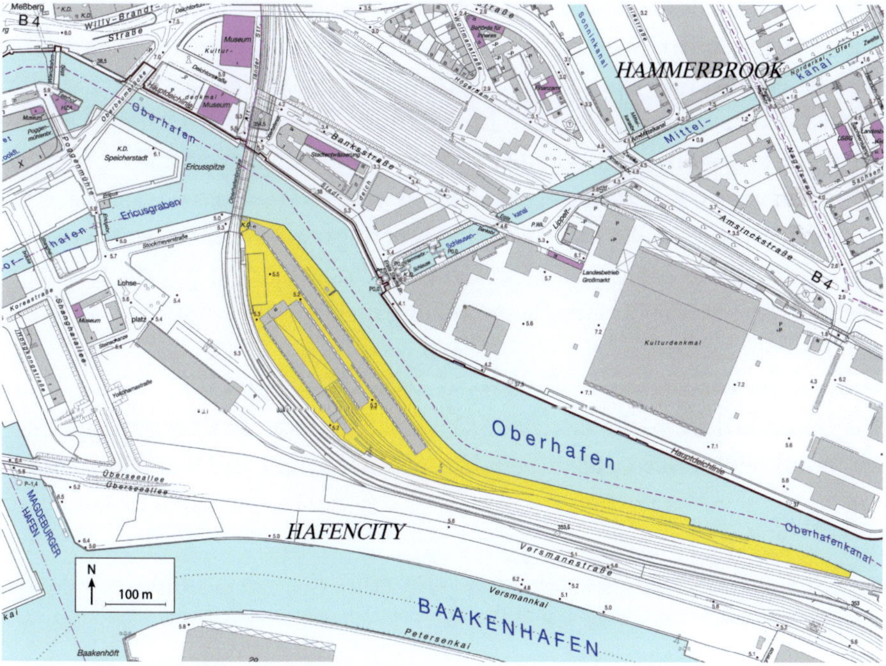

Abb. 15: Der Oberhafen im Hamburger Kontext
Quelle: Eigene Darstellung, verändert nach Kartengrundlage DK5 –
Landesbetrieb Geoinformation und Vermessung 2010; Maßstab 1:5000

Museum für Kunst und Gewerbe, das Galeriehaus Hamburg, das Kunsthaus Hamburg e. V., die Markthalle als Musikveranstaltungsort und Club, die freie Akademie der Künste sowie die Deichtorhallen.

Der Oberhafen ist das nordöstlichste Gebiet des HafenCity-Areals, wird jedoch durch den Ericusgraben und die Bahntrasse von diesem weitestgehend getrennt. Der Oberhafen weist keinen Durchgangsverkehr auf, sondern ist nur durch die Oberhafenstraße aus Nordosten und die Stockmeyerstraße aus Westen (als Anschluss an die HafenCity) erreichbar. Das Gebiet liegt folglich in isolierter Insellage. Das Gelände ist bis 2014 laut Bauleitplanung als Bahnfläche ausgewiesen; die Deutsche Bahn fungiert als Pächter der Gleise und Hallen.[81] Man kann den Oberhafen als industriellen, urbanen *brownfield site* (DAVIS 2002: 5) kategorisieren.[82] Der Oberhafen ist Teil des *Sondervermögens Stadt und Hafen* der FHH, vertreten durch die HafenCity GmbH.[83]

Durch die unmittelbare Nähe zum Wasser und als Teil des Hamburger Hafengeländes ist das Gebiet mit spezifischen Herausforderungen konfrontiert, die hinsichtlich der Nutzungsevaluation berücksichtigt werden müssen. Der Oberhafen liegt mit 5,20 m ü. NN im Überflutungsgebiet der Elbe und Bille und ist Nichtevakuierungsgebiet. Im Jahr 2000 und 2007 erfolgten Überspülungen des Geländes mit Schäden an u. a. der Oberhafenkantine (vgl. HAMBURG KREATIV GESELLSCHAFT MBH; HAFENCITY HAMBURG GMBH 2011).

Die Gesamtfläche des Oberhafenareals beträgt ca. 32.000 m², wobei nur ca. ein Drittel davon bebaut ist.[84] Ein Großteil dieser Flächen besteht aus überdachten Gleisen, die für eine Raumnutzung nicht geeignet sind.

6.2   Die Immobilienstruktur des Oberhafens

Die Gebäude des Oberhafens lassen sich in vier Strukturen einteilen: Lagerhallen, zweistöckige Bürogebäude, ein Umspannwerk und die Oberhafenkantine.

---

81   Die Informationen entstammen einem persönlichen Gespräch mit Kirsten Bätzing, verantwortlich für Immobilien und Projekte der *Hamburg Kreativ Gesellschaft mbH* vom 16.01.2012.

82   Zur Revitalisierung und Inwertsetzung von (ehemaligen) Industrieflächen vgl. u. a. DAVIS 2002 und KOMPA/PIDOLL/SCHREIBER 1997.

83   Der Oberhafen ist folglich auch Teil der Hamburger Waterfront Revitalisierung.

84   Diese Werte basieren auf Abmessungen des vorliegenden Kartenmaterials.

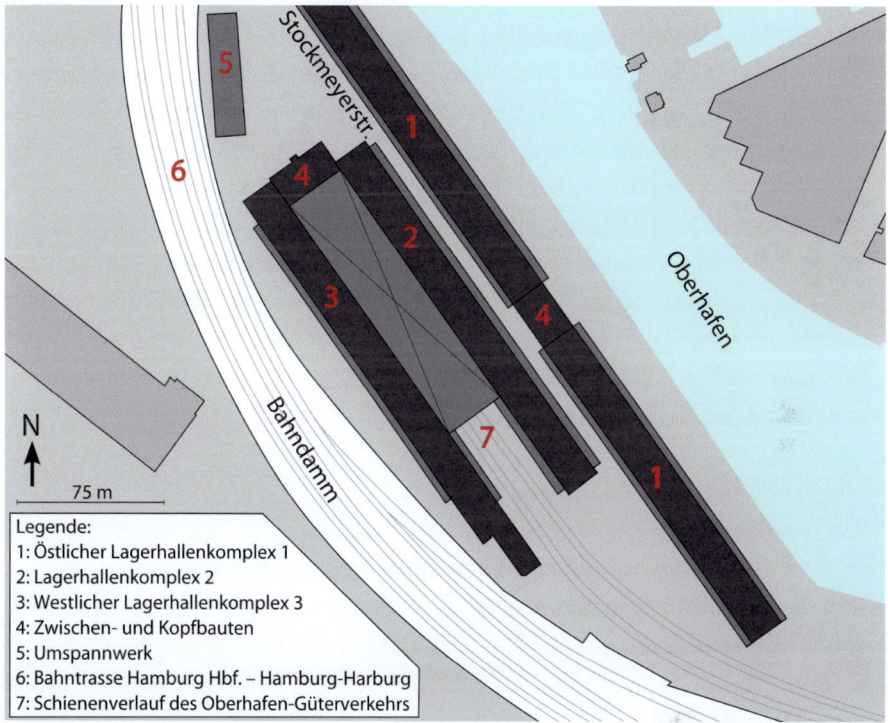

Abb. 16: Gebäude des Oberhafens
Quelle: Eigene Darstellung

Die hauptsächliche Bebauung sind drei Lagerhallenkomplexe, die sich schienenparallel erstrecken (s. Abb. 16: 1-3). Der erste Komplex im Osten ist durch ein Zwischengebäude (Bürogebäude) mittig unterteilt, das von einer Werbeagentur, einem Schuhvertrieb und dem Büro eines Fotostudios genutzt wird. Der zweite und dritte Lagerhallenkomplex sind ähnlich aufgebaut, verfügen jedoch anstelle eines Zwischengebäudes über einen gemeinsamen Kopfbau (s. Abb. 16: 4). Unregelmäßig wird die Galerie *Land's End* bespielt, die sich im südlichsten Teil des dritten Lagerhallenkomplexes befindet. Die Bürogebäude bieten deutlich kleinere Raumeinheiten als die Hallen, da sie lediglich ca. 30 m² groß sind.[85] Eine Lagerhalle ist (mit Anschluss durch Öffnungstore) dagegen ca. 400 m² groß. Die Decke wird durch eine Eisenstruktur ohne Säulen

---

85   1b, Interview vom 29.08.2011.

getragen. Die Hallen verfügen über Laderampen. Den Lastwagen ermöglicht diese Ladekante ein direktes rückwärtiges Anfahren der Hallen und barriereloses Ein- und Ausladen. Der Restaurationsstau zeigt sich an den Fassaden und herumliegende Abfälle indizieren eine Brachlage des Quartiers. Risse im Mauerwerk und Graffitis prägen die Backsteinaußenwände.

Die einzigen Gebäude, die keine Industriestruktur aufweisen, sind ein jüngst fertiggestelltes Umspannwerk (s. Abb. 16: 5),[86] das architektonisch deutlich aus der üblichen Baukultur hervorsticht, und das denkmalgeschützte Backsteingebäude der Oberhafenkantine aus dem Jahr 1925. Dieses ist aufgrund seiner charakteristischen Schieflage als ein Wahrzeichen des Hamburger Hafens bekannt geworden.[87]

6.3   Die Mieterstruktur

Die Gebäudenutzer (vgl. Anhang 5) sind hauptsächlich Transportunternehmen, die die Hallen zum Lagern nicht verderblicher Waren wie Waschmittel, Seifen oder Trockennahrung nutzen. Zu nennen ist hier die Transa Spedition GmbH, die zusätzlich zur LKW-Anlieferung noch zwei Gleise benutzt und Stückgut umschlägt. Die Wykhoff Spedition GmbH und Hermes Transporte nutzen die östlichen Lagerhallen für den LKW-Umschlag. Diverse Vertreter der Logistikunternehmen, eine PR-Agentur und eine Schriftstellerin haben im ehemaligen Zollamt (nördliches Ende des ersten Lagerhallenkomplexes) Räume gemietet. Die Kopfbaustruktur des Güterabfertigungsbereichs teilt sich die Transa GmbH im Erdgeschoss mit einer Kulissenbau-Agentur. Im Obergeschoss haben sich ein Musiker und zwei Designer (Motorraddesign und

---

86   Laut Vattenfall ist das Umspannwerk notwendig, um die Versorgung der neuen Geschäfts- und Wohngebäude der HafenCity zu sichern. Es wandelt Starkstrom in Mittelspannung um und wird schätzungsweise 12.000 Bewohner und Firmen mit 40.000 Angestellten versorgen. Ein ursprünglicher Baustandort war direkt in der HafenCity angedacht (vgl. HAMBURGER ABENDBLATT 2009).

87   Die Oberhafenkantine ist im Hamburger Denkmalschutzkatalog der Stadt Hamburg als Nr. 1264 verzeichnet (vgl. FREIE UND HANSESTADT HAMBURG – BEHÖRDE FÜR KULTUR, SPORT UND MEDIEN – DENKMALSCHUTZAMT HAMBURG 2010).

Abb. 17: Hallen- und Zwischengebäude des Oberhafens
Quelle: Eigene Fotos vom 23.08.2011

Druckerzeugnisse) niedergelassen.[88] Ein Manufakteur des Messe- und Kulissenbaus ist in den südwestlichen Lagerhallen zu finden. Sowohl regelmäßige temporäre Individualnutzungen als auch Leerstände der übrigen Lagerhallen prägen die Oberhafen-Struktur.

Kreativ-Pioniere haben folglich Räume, die von den Spediteuren nicht genutzt werden, bereits erschlossen. Sie bilden im Vergleich zu den Logistikunternehmen jedoch die Minderheit. Die Galerie *Land's End* attrahiert zudem unregelmäßig Besucher des kreativen Milieus.[89]

---

88   Einer dieser Designer nutzt die HafenCity als Hauptstandort seines Büros. Die raumintensiveren Künstlerarbeiten mit Druckplatten, großformatigen Werkstoffen und Druckmaschinen erfolgen im Oberhafen. Die Kunstproduktion und der Kunstvertrieb werden folglich getrennt voneinander vollzogen und die günstigen Raummieten des Oberhafens somit „kannibalisiert". Die Identität der erwähnten Person ist der Verfasserin bekannt. Der Künstler verknüpfte seine Aussagen mit einer uneingeschränkten Anonymitätsklausel, die an dieser Stelle gewahrt werden soll. Das informelle Gespräch erfolgte am 14.12.2011 auf dem Gelände des Oberhafens.

89   So z. B. durch die 5. Triennale der Fotografie vom 1. bis 6. April 2011.

6.4 Überprüfung des Oberhafens anhand des Kriterienkatalogs

Die untersuchten Räume müssen differenziert betrachtet werden, da sowohl große Hallen genutzt werden können als auch Büroräume in Etagenlagen.[90]

6.4.1 Überprüfung der Bedarfskategorie 1: Unbedingt zu erfüllende Raumkriterien

▶ Mietkonditionen

Der Oberhafen weist deutlich geringere m^2-Preise auf, als es für Innenstadt-lagen üblich ist. Die Mieten schwanken von fünf bis sechs Euro pro m^2 für Büroräume und sind für Lagerhallenflächen mit drei Euro pro m^2 noch geringer.[91] Insbesondere im Vergleich zu den nahe liegenden Immobilien (Fruchthof und HafenCity)[92] wird deutlich, dass der Oberhafen dieses An-spruchskriterium der Kreativwirtschaft voll erfüllt.

▶ Positive Beladeinfrastruktur

Die Zufahrt des Oberhafens ist für LKW über die Oberhafenbrücke oder aus westlicher Richtung von der HafenCity über die Stockmeyerstraße ohne Einschränkungen möglich. Die Zufahrtsstraßen sind nur sehr gering frequentiert und ermöglichen ein schnelles Erreichen des Geländes aus weiterer Entfernung. Der Einfahrtsbereich und der Vorplatz sind als Ran-gierbereiche für LKW oder größere Transportfahrzeuge geeignet. Ähnlich günstige Bedingungen herrschen auch bei der Anfahrt an die Gebäude und Lagerhallen. Die Lagerhallen weisen Verladekanten auf, die eine Ein- und Ausladung von großen Objekten ohne Höhenüberwindung von Transport-

---

90   Die Büroräume werden eher von der Vertriebsebene bzw. der zweiten Verwertungsebene der Kreativwirtschaft genutzt. Dies bietet die Möglichkeit, die Korrelation von Produk-tion und Vertrieb von Kunstprodukten auf engem Raum als einen weiterführenden For-schungsschwerpunkt zu untersuchen.

91   Die Miethöhen sind den Experteninterviews mit 1a, 1b, 1d und 2a entnommen. Der Kunstverein wird per Kulturförderung bei den Mietkosten unterstützt.

92   Der nördlich an die Oberhafenbrücke angrenzende Fruchthof eignet sich als Vergleichs-objekt, da aufgrund der Zentrumsnähe viele Räume ebenso Nutzer aus der Kreativwirt-schaft attrahieren könnten. Die Mieten liegen im Fruchthof laut Internet-Immobilien-Anbieter *immonet.de* je nach Fläche und Lage des Raumes zwischen 14 und 18 Euro pro m^2 (vgl. IMMONET 2011).

Abb. 18: Einfahrtsbereich und Ladekante des Oberhafens
Quelle: Eigene Fotos vom 23.08.2011

fahrzeugen in die Lagerhallen ermöglichen (s. Abb. 18). Im Kopfgebäude der Bahngleise ist eine Belieferung über eine Großrampe möglich.

► Hohe Lärmtoleranz

Der Oberhafen wird bis zu sechs Mal täglich von Güterzügen bedient, die über zwei der Schienen zentral durch das Gelände zwischen den Hallenkomplexen zwei und drei des Oberhafens geführt werden. Der Güterverkehr und der daraus resultierende Speditionsumschlag verursachen ein hohes Lärmaufkommen. Ein aufgeständerter Bahndamm verläuft westlich des Geländes als Einfallstrecke in den Hauptbahnhof. Er ist mehrgleisig und wird von Fern- und Nahverkehrszügen stark frequentiert. Auch Güterverkehr wird über die Bahntrasse geführt. Eine Beeinträchtigung für die Künstler durch den Verkehrslärm konnte nicht festgestellt werden. 2a gab an, dass er auch bei stetigem Zugverkehr Klavierstücke komponieren und üben könne.[93] Die Arbeiten der Manufakteure bedeuten eine Schallemission u. a. durch Lärm von Kreissagen, Hämmern oder Schleifgeräten. Industriegeräusche sind nicht so störend für Musiker wie andere Klangmuster oder Tempi von benachbarten Proben.[94] Durch die Weitläufigkeit des Areals

---

93   Für Konzerte, so 2a, Interview vom 17.10.2011, sei der Oberhafen jedoch nicht geeignet. Öffentliche Auftritte finden an Orten statt, die eine optimale Akustik garantierten, wie z. B. die Laeiszhalle. Großveranstaltungen dürfen im Allgemeinen im Oberhafen nicht stattfinden. Die städtischen Bestimmungen für Großveranstaltungen in Räumen und Hallen werden bezüglich der Fluchtwege und des Feuerschutzes nicht erfüllt (vgl. Hamburg Kreativ Gesellschaft mbH; HafenCity Hamburg GmbH 2011).

94   2d, Interview vom 10.11.2011.

ist Lärmtoleranz zwischen den Künstlern jedoch gewährleistet. Eine hohe
Lärmtoleranz ist zusätzlich aufgrund nicht vorhandener Nachtbevölkerung
gegeben. Zudem ist kein Einzelhandel im Oberhafen angesiedelt. Ruhe-
zeiten müssen daher nicht eingehalten werden und ermöglichen kreative
Schaffensphasen zu allen Tageszeiten. Künstler haben ergo die Möglichkeit,
lautstärkeintensiv im Oberhafen zu arbeiten; das Raumkriterium ist erfüllt.

▶ Überregionaler Verkehrsanschluss
Der Oberhafen weist keinen Durchgangsverkehr auf. Dennoch liegt er
in östlicher Richtung in unmittelbarer Nähe an der B 4 (Amsinckstraße),
dem Zubringer zu der BAB 1 Richtung Süden. Die Lippeltstraße ermöglicht als Abkürzung ein Umgehen der hochfrequentierten Amsinckstraße.
Der Hamburger Hauptbahnhof mit überregionalen Zuganbindungen ist ca.
15 Gehminuten entfernt. Das Anspruchskriterium des überregionalen Verkehrsanschlusses kann der Oberhafen gewährleisten.

▶ Geringe Entfernung zum Wohnort
Mit Ausnahme eines Experten[95] wohnten alle Befragten in maximal zehnminütiger Entfernung von den Arbeitsstätten des Oberhafens. Die Pro-
gnose einer potenziellen Wohnortnähe für Künstler ist aufgrund der Innenstadtlage und der Zentralität des Oberhafens plausibel. Der Anspruch
an den Oberhafen als nah zum Wohnort gelegener Arbeitsplatz ist somit
(grundsätzlich) erfüllt.

▶ Atmosphäre der Toleranz, Offenheit und kulturellen Vielfalt
Generell ist eine Beurteilung dieses Raumkriteriums für den Oberhafen
aufgrund seiner Insellage schwieriger festzustellen, als es für das Karostar
möglich ist. Die Interviews zeigen eine hohe Toleranz gegenüber den benachbarten Mietern und eine eher ablehnende Haltung gegenüber der
Homogenität der HafenCity.[96] Es handelt sich nicht um ein konservatives
Milieu. Die Gebäude und Hallen sind (tagsüber) nicht zugangsbeschränkt
und Interaktion mit den Mietern möglich. Eine kulturelle Vielfalt konnte
vornehmlich bezüglich der Nutzungsmischung mit Speditionen ebenso wie
eine Atmosphäre der Toleranz und Offenheit festgestellt werden. Kulturelle

---

95   1b bewohnt neben seiner Innenstadtwohnung einen Hof in der Hamburger Peripherie,
      von dem aus er überwiegend in die Stadt pendelt.
96   1c, Interview vom 29.08.2011.

Abb. 19: Lärmemission durch Arbeitsräume und Fernverkehr
Quelle: Eigene Fotos vom 23.08.2011

Vielfalt im Sinne einer Vielzahl von verschiedenen sozialen Gruppen unterschiedlichen Alters und Einkommens wurde jedoch nicht ermittelt.

6.4.2 Überprüfung der Bedarfskategorie 2: Bedingt zu erfüllende Raumkriterien

Auch wenn die folgenden Raumkriterien für prosperierende Kreativcluster nicht zwingend erforderlich sind, darf ihre Bedeutung nicht gänzlich außer Acht gelassen werden.

► Infrastruktur des Gebäudes

Die Infrastruktur der Hallen bietet sowohl günstige als auch unzureichende Bedingungen für kreativwirtschaftliche Nutzung. Die Hallengröße liegt bei ca. 400 m² und bietet damit ausreichend Platz für die Arbeiten der Manufakteure oder für die Instrumente der Musiker (z. B. Flügel oder Orchesteraufbauten).[97] Eine Deckenhöhe von max. 7,80 m (vgl. HAMBURG KREATIV GESELLSCHAFT MBH; HAFENCITY HAMBURG GMBH 2011) ermöglicht den Aufbau und die Gestaltung großformatiger Bilder und Installationen, wie Abb. 20 zeigt. Künstler benötigen neben dem Raum zur Bearbei-

---

97   1a, Interview vom 24.08.2011. Die Größe der Lagerhallen kann variieren, je nachdem wie viele Abschnitte eines gesamten Lagerhallenkomplexes genutzt werden.

tung von Kunstprojekten auch Lagerfläche für Werkzeug und Materialien. Die Hallen bieten diesen Stauraum.

Ein wichtiger Raumaspekt, der aus der Abbildung gleichermaßen hervorgeht, ist die fehlende Beeinträchtigung durch raumtrennende Stützpfeiler oder Säulen. Das Verschieben und Aufstellen der Werke wird nicht behindert. Der ursprüngliche Nutzungszweck als Zwischenlager für Stückgüter gewährleistet zudem eine ausreichende Tragfähigkeit des Hallenbodens auch bei überdurchschnittlich schweren Lasten und Arbeitsgeräten. Die Lagerhallen verfügen über eine kleine Fensterreihe, die Tageslichteinfall in den Innenraum nur bedingt zulässt. Ein Nachteil durch schlechte Tageslichtverhältnisse wurde von den Experten jedoch verneint. Natürliche Lichtverhältnisse sind, laut der Aussagen von 1b und 1c, dem kreativen Schaffen eher abträglich. Schattenwurf und sich ändernde Sonnenstände erschweren Fotoprojekte oder Farbarbeiten.[98] Für 1b sind die Abschirmung des Tageslichts und die Einrichtung künstlicher Beleuchtung Hauptvoraussetzungen für die Anmietung, so dass er vollständige Kontrolle über die Ausleuchtung der Kulissen oder des Fotoshootings hat. Die Hallen des Oberhafens bieten folglich eine Reihe positiver infrastruktureller Voraussetzungen.

Dem entgegengesetzt stehen Mangelausstattungen, die eine Kreativnutzung negativ beeinflussen. So sind die Hallen nicht mit einer Heizung ausgestattet, da sie weder für Wohnnutzung noch kälteempfindliche Lagergüter genutzt worden sind. Insbesondere die befragten Musiker gaben beheizte Räume als erforderlich an, nicht nur aufgrund der Gewährleistung der Fingerfertigkeit, sondern auch bezüglich der Aufbewahrung der Instrumente. Die befragten Bildhauer sind flexibler, sie behelfen sich mit mobilen Heizgeräten oder Radiatoren, die jedoch strom- und damit auch kostenintensiv sind.[99] Die Hallen verfügen zudem nicht über Sanitäranlagen. Mieter müssen Toiletten und Wasseranschlüsse des Kopfbaus oder der Mittelgebäude nutzen. Dies kann jedoch nur auf Genehmigung von den dortigen Mietern erfolgen. Die Kopf- und Zwischenbauten der Lagerhallen bieten auch beheizbare Büroräume und Großlager. Eine Stromversorgung ist in den Hal-

---

98   1b und 1c, Interviews vom 29.08.2011. 1c arbeitet nicht im Oberhafen.

99   1a erbaute sich als Konsequenz eine Holzabseite, die innerhalb der Lagerhalle als Büro fungiert und die Beheizung und Wärmespeicherung erleichtert.

Abb. 20: Großinstallation für die Hanseboot 2011 in Lagerhalle 1
Quelle: Eigenes Foto vom 17.10.2011

len vorhanden. Abschließend kann festgestellt werden, dass die Hallengröße und Deckenhöhe auf der einen Seite Künstlern mit sperrigen Skulpturen, Kulissenbauteilen oder Darstellungen überdachte Arbeitsflächen bieten. Auf der anderen Seite bedeuten eine fehlende Heizung und unzureichend vorhandene Sanitäranlagen Einschränkungen in der Gestaltungsarbeit. Der fehlende Hochwasserschutz kann zu einer Gefährdung der Kunstwerke, Musikinstrumente und Arbeitsgeräte führen.[100] Für die Künstler entsteht so eine Pattsituation, bei der Vor- und Nachteile der Gebäudesituation individuell abgewogen werden müssen.

---

100   Es kam bisher dreimal zu Pegelständen über 6 m ü. NN und damit zu Wasserständen bis zu der Höhe der Beladekante. Keiner der befragten Hallennutzer hat einen Versicherungsschutz. 1a schätzt den Schaden als sehr hoch ein, sollte Hochwasser in die Hallen eindringen. 1d lagert aus diesem Grund Kulissenbauteile auf einem selbst gebauten Podest.

► ÖPNV-Anschluss

Die Erreichbarkeit des Oberhafens mit öffentlichen Verkehrsmitteln ist nur bedingt gegeben. Lediglich die Haltestelle Steinstraße der U-Bahn-Linie 3 ist in zehnminütiger Fußwegentfernung nach Überquerung der Oberhafenbrücke und Klosterwall zu erreichen. Eine Busanbindung über die Oberhafenbrücke und in die Stockmeyerstraße – als verbindendes Element zur HafenCity – ist nicht verfügbar. Die ÖPNV-Anbindung wird ab 2012 ausgebaut. Vom Jungfernstieg ausgehend werden die neuen Haltestellen Überseequartier und die vorläufige Endhaltestelle HafenCity Universität in der Versmannstraße von der U-Bahn-Linie 4 bedient werden (vgl. OVERMEYER 2010: 120). Eine Anbindung des Oberhafens an den ÖPNV ist damit bedingt gegeben, wird sich jedoch voraussichtlich verbessern.

► Parkmöglichkeiten

Im Oberhafen erfolgt keine Einschränkung der Parkmöglichkeiten. Sowohl PKW als auch LKW können zu jeder Tageszeit abgestellt werden. Rangierbereiche in der Zufahrt des Geländes Richtung Stockmeyerstraße und Oberhafenbrücke müssen freigehalten werden. Kreativwirtschaftliche Akteure können vor ihrem Arbeitsstandort parken. Parkflächen sind jedoch nicht explizit ausgewiesen und das Umspannwerk verringert die dafür zur Verfügung stehende Fläche. Eine Vielzahl an Parkflächen für Veranstaltungen mit einer höheren Besucherzahl sind nicht vorhanden.[101] Bei der *Triennale der Fotografie* in der Galerie *Land's End* mussten Besucher auf gebührenpflichtige Parkplätze der Deichtorhallen ausweichen. Unter dem Aspekt des Arbeitsraums für Künstler erfüllt der Oberhafen jedoch das Raumkriterium der ausreichenden Parkmöglichkeiten.

► Bestimmte Zusammensetzung der Nachbarn im Gebäude

Die Hauptnutzung der Hallen liegt noch bei Logistik- und Speditionsunternehmen. Die Künstler sind in der Minderheit. Das Gelände ist weitläufig, sodass sich die Nachbarschaft nicht auf ein einzelnes Haus beschränkt. Dadurch entstehen wenige Berührungspunkte. Die Mieter des Zwischengebäudes sind vornehmlich Kreative, jedoch wurden auch hier keine Kooperationen festgestellt oder explizit gewünscht.

---

101   Zu einer Ausstellung des britischen Street-Artists *Banksy* in einer abgelegenen Lagerhalle kamen in drei Tagen 50.000 Besucher (vgl. CURRID 2007: 165).

6.4.3 Überprüfung der Bedarfskategorie 3: Zu vernachlässigende Raumkriterien

Die Raumaspekte, die die Kreativkünstler als am unwichtigsten bewertet haben, sollen auch im Oberhafen untersucht werden. Ein Nachweis, dass sich der Oberhafen gerade durch diese Raumkriterien im Vergleich zu anderen Quartieren auszeichnet, zeigt eine geringe Eignung für kreativwirtschaftliche Nutzung.

▶ Vorhandensein sozialer Begegnungs- und Vergnügungsorte
Im Oberhafen sind keine etablierten sozialen Orte oder Treffpunkte vorhanden. Es gibt keinen zentralen Begegnungspunkt oder Platz, an dem sich die Mieter intentional oder zufällig begegnen und Netzwerke pflegen. Die Oberhafenkantine wird trotz des Namens nicht zur regelmäßigen Verpflegung genutzt und bildet keinen sozialen Treffpunkt. Bis zum Zeitpunkt der Untersuchung sind keine Restaurants, Kioske, lokale Kleinstversorger oder Cafés, den Künstlerpionieren folgend, in den Oberhafen gezogen. Die Künstler verpflegen sich selbst oder es wird bei größeren Projekten im Unternehmen gemeinschaftlich gekocht.[102] Eine Kantine, die sich für dessen Mieter im nahe gelegenen Fruchthof befindet, wird unregelmäßig nachgefragt. Clubs, Konzertveranstaltungen oder *After-Work-Clubs* als Teil eines pulsierenden Kreativquartieres sind nicht vorhanden oder etabliert. Wenn die Künstler Kunden oder Partner treffen, erfolgen die Geschäftsessen in der Innenstadt oder in Lokalitäten rund um das Chilehaus. Die nächsten sozialen Treffpunkte des Nachtlebens sind der Club im Hühnerposten und unregelmäßige Sommerveranstaltungen auf dem Brandshofgelände, nördlich des Oberhafenbeckens. CURRIDS These eines aktiven Nachtlebens mit Vergnügungsdienstleistern als notwendige Bedingung für ein florierendes Kreativcluster wurde für den Hamburger Oberhafen falsifiziert. Der Oberhafen wird als Arbeitsstandort der Kreativwirtschaft verstanden.

▶ Nähe zu anderen Kreativen oder einem Kreativquartier
Die Kunstproduzenten arbeiten im Oberhafen auf einem begrenzten Raum und in nebeneinander stehenden Gebäudelagen, die eine enge Zusammenarbeit erwarten ließen. Die lokale Nähe bedeutet hier jedoch keine soziale Interaktion. Vielmehr wurde eine isolierte, unabhängige Arbeitsweise

---

102   1a, Interview vom 24.08.2011 und 1d, Interview vom 15.09.2011.

festgestellt. Zufallsbegegnungen finden nicht statt. Kooperationen erfolgen nur, wenn vereinzelt Materialien fehlen und schnell Ersatz benötigt wird. 1b stellt seine Fotokulissen in Eigenproduktion bzw. mithilfe von freien Mitarbeitern her, obwohl das Know-How von zwei Kulissenbauern in 20 m Entfernung zur Verfügung stände. So ist die Nähe zu anderen Kreativen zwar gegeben, hat aber für die Gestaltungen und Kunstobjekte keine Relevanz. Das Überangebot an freien Räumen im Oberhafen führte dazu, dass sich ein ehemaliger Mitarbeiter eines Kulissenbau-Unternehmens mit einem ähnlichen Geschäftsmodell selbstständig machte. Er zog in eine der benachbarten Lagerhallen und führte eine Konkurrenzsituation herbei. Zwar liegen in geringerer Entfernung die Kreativstandorte der *Hamburger Kulturachse*, diese wurden jedoch von den Befragten nicht erwähnt und spielen daher keine Rolle in ihrer Kreativarbeit. Abschließend lässt sich festhalten, dass die Nähe zu anderen Kreativen zwar räumlich gegeben ist, aber in Bezug auf kreativwirtschaftliche, städtische Entwicklung und auch für die Künstler selbst keine Relevanz aufweist.

6.4.4 Zusammenfassung der Raumkriterien des Oberhafens

Der Oberhafen ist für kreativwirtschaftliche Nutzung geeignet. Dies zeigt der Abgleich mit dem Kriterienkatalog. Die als die wichtigsten Bedürfnisse kategorisierten Raumaspekte werden von den Räumen und Hallen im Oberhafen erfüllt. Sehr geringe Mieten und die Nähe zu (innerstädtischem) Wohnraum sind potenziell gegeben. Die Beladeinfrastruktur ist als äußerst positiv zu werten. Die Künstler pflegen eine tolerante Atmosphäre, auch wenn diese nicht mit einem Kreativviertel vergleichbar ist. Der Oberhafen ist infrastrukturell besonders geeignet für Manufakteure, die große Studioaufbauten erstellen und ein Lager für Materialien und Arbeitsgeräte benötigen. Musiker können die beheizbaren Räumlichkeiten des Zwischengebäudes und des Kopfgebäudes nutzen. Ein ÖPNV-Anschluss ist in Fußwegentfernung gegeben. Die Parkmöglichkeiten sind trotz der Zentrumsnähe aufgrund der isolierten Lage und ausreichender Rangierfläche nahezu uneingeschränkt. Obwohl der Oberhafen kein Kreativquartier ist, ist er besonders für Künstler der ersten Verwertungsebene geeignet.

7 Gegenüberstellung und abschließende Bewertung

7.1 Vergleich Karostar und Oberhafen

Die beiden Räume sind anhand des entwickelten Kriterienkatalogs untersucht worden. Dafür wurde mit der Themenimmobilie Karostar eine städtisch geförderte Immobilie, mit dem Oberhafen ein sich frei entwickelndes Künstlerareal analysiert. Das folgende Kapitel soll nun zeigen, welcher der Orte die Anspruchskriterien der Künstler besser erfüllt.

Die Themenimmobilie Karostar erfüllt die Anspruchskriterien der wichtigsten Bedarfskategorie der befragten Experten nur bedingt. So sind die Mietkosten zwar gering, in unmittelbarer Nähe sind jedoch günstigere Mietangebote vorhanden, die sogar mehr Platz zur Verfügung stellen.[103] Die Be- und Entladungsinfrastruktur ist bezüglich der Rangierfreiheit für LKWs eingeschränkt. Lärm- oder Geräuschpegeltoleranz sind nicht vorhanden, die Räume sind nicht schallisoliert. In dem Musikhaus ist wenig musikalisch funktionaler Bauraum errichtet worden.[104] Die befragten Musiker sind darauf angewiesen, einen zusätzlichen Proberaum anzumieten und nur Handelsgeschäfte im Karostar durchzuführen. Die erhofften positiven Agglomerationseffekte durch die „Interaktionsgebäudekomponenten", wie die Küchenzeile, die Sitzelemente im Flur und auf dem Balkon und der gemeinsame Konferenzraum, erfolgen nachweislich nicht. Diese Gegebenheiten führen zu der Annahme, dass vornehmlich kreativwirtschaftliche Vertriebsstrukturen angesprochen werden und nicht die (Zusammenarbeit der) eigentlichen Künstler. Nachteile bergen die Einschränkungen der Mietdauer, die zwar Start-Up-Unternehmen zu Gute kommen, aber die etablierten Unternehmen nach kurzer Zeit zu neuer Standortsuche verpflichten. Auch wenn die Maximaldauer der Vermietung nicht unbedingt restriktiv durchgesetzt wird,[105] ist die Planungssicherheit für Künstler eingeschränkt. Die direkte Nachbarschaft zu den Kreativquartieren St. Pau-

---

103   2d, Interview vom 10.11.2011.
104   Ausgenommen sind die drei Tonstudios des Karostars.
105   2c, Interview vom 10.11.2011.

li und Schanzenviertel indiziert einen Standortvorteil. Der Fühlungsfaktor zu anderen Kreativen wird jedoch dadurch entkräftet, dass die Nähe zu anderen Kreativen oder das Vorhandensein von Vergnügungsorten keine entscheidenden Kriterien für die Auswahl des Standortes darstellen. Das Image des Karostar als eine Musikimmobilie ist dennoch ein positiver Aspekt. Die Themenimmobilie stellt unbürokratische und schnelle Mietoptionen zur Verfügung, die flexibel kleinräumige Nutzungsformen ermöglichen. Die volle Auslastung bestätigt die Nachfrage.

Im Oberhafen sind alle Raumkriterien der Bedarfskategorie 1 erfüllt. Die Mieten sind für das Ausmaß der Flächen gering. Eine Be- und Entladung ist, anders als im Karostar, uneingeschränkt möglich und im Gegensatz zum Karostar stellt die Lärmemission kein Problem für die direkten Nachbarn und Anrainer dar. Die Mietverhältnisse sind zeitlich nicht begrenzt. Die Höhe und Fläche der Hallen ermöglichen die Arbeit mit großvolumigen Werken und deren Lagerung. Sie können jedoch nur genutzt werden, wenn eine Lösung zur Beheizung gefunden wurde oder aber die Büroräume zum Üben und Gestalten genutzt werden. Auch die hier ansässigen Künstler gaben keine Synergieeffekte oder Kooperationen zu Protokoll, die aufgrund der Nähe zu anderen entstanden sind. Dennoch birgt der Oberhafen so günstige Arbeitsbedingungen, dass erste Anzeichen von konkurrierendem Bedarf um die Hallen (Agglomerationsnachteile) nachgewiesen werden können.[106]

Insgesamt scheint der Oberhafen besser zur Förderung der gesamten Kreativwirtschaft geeignet zu sein als die subventionierte Themenimmobilie, denn kreativwirtschaftliche Entwicklungsnuklei beschränken sich nicht ausschließlich auf den Vertriebsbereich bzw. auf die zweite Verwertungsebene. Nicht revitalisierte Stadtquartiere mit freien Entwicklungsräumen wie der Oberhafen bieten Arbeitsraum für die Gesamtheit der kreativen Akteure, also auch für Künstler und Produzierende.

---

106   Bezüglich des Standortnachteils ‚Raumkonkurrenz‘ für Kreative vgl. POWER 2009: 207.

7.2 Weiterführende Untersuchungen und Methodenkritik

Die vorliegende Untersuchung eröffnet weitere Forschungsfelder im Bereich der Hamburger Kreativwirtschaft, die aufgrund des eingeschränkten Umfangs dieser Arbeit nicht vollständig analysiert werden können. So sollten in einem weiterführenden Schritt die Bedürfnisse aller Künstler und Kreativstile untersucht werden. Kunsthändler, Galeristen, Street-Art-Künstler oder Fashion-Designer können abweichende Ansprüche an ihren Arbeitsraum stellen oder eine andere Priorität der Bedarfskriterien (Raumkriterien) erkennen lassen, als die in dieser Untersuchung befragten Manufakteure und Musiker. Eine Befragung aller zwölf kreativwirtschaftlichen Teilmärkte, wie sie das BMWT festgelegt hat, könnte den Raumbedarf und Raumanspruch der Hamburger Kreativen um weitere Kriterien ergänzen.

Die in dieser Arbeit durchgeführte Kurzabfrage der Raumaspekte (s. Abb. 6) ist auf eine kleine Gruppe an Befragten beschränkt. Bei dieser quantitativen Methodik müsste eine höhere Zahl an Probanden befragt werden, um einen nachhaltigeren Nachweis der Raumansprüche zu erhalten. Dennoch ist es ein probates Mittel, zum einen die qualitativen Antworten noch einmal zu überprüfen und zum anderen auch die im ursprünglichen Interview noch nicht festgehaltenen Raumaspekte auf ein gesichertes empirisches Fundament zu stellen. So fand insgesamt ein quantitativ geringerer, aber aufgrund der intensiven Interviews umfassenderer Nachweis der Bedürfnisse der Künstler statt.

Das Durchschnittsalter von 47 Jahren liegt höher, als ursprünglich erwartet worden war. Es garantiert jedoch die langjährige Erfahrung der befragten Künstler in der Kreativwirtschaft und legitimiert sie dadurch als Experten. Junge Künstler gewichten u. U. die Nähe zum Wohnort geringer als ein ausgeprägt vorhandenes Nachtleben, Vergnügungsorte und die Nähe zu einem etablierten Kreativquartier im Hinblick auf die Pflege eines sozialen Netzwerkes. Hier kann eine altersspezifische Untersuchung weiterführend Aufschluss geben. Festgehalten werden muss auch, dass die Probanden oft nicht nur aus der Rolle des Künstlers heraus agieren. Sie sind gleichzeitig sowohl der Hersteller als auch der Vermarkter ihrer Schaffensprodukte, also Kreative und Management in Personalunion. Ein Vertrieb hat jedoch einfachere Raumansprüche als ein Musiker oder Bildhauer. Proberäume sind daher oft temporäre Außenposten, während die Vertriebsbüros auch zu Arbeitsstandorten zählen. Eine jüngst von der Industrie- und Handelskammer Berlin veröffentlichte Studie legt den Fokus der Raumansprüche der einzelnen kreativwirtschaftlichen Teilmärkte auf die Dichte und Vielfalt des Angebots an Kultureinrichtungen und Veranstaltungen (vgl. INDUSTRIE- UND HANDELSKAMMER BERLIN 2011: 19).[107] Das kulturelle Gesamtangebot Hamburgs als Standortbedingung und Raumvorteil war nicht Teil dieser Untersuchung und wurde von den befragten Experten auch nicht in dem freien Antwortteil erwähnt.

7.3   Handlungsempfehlungen und Ausblick

Die herausragende Bedeutung der Miethöhe in der Standortentscheidung ist die wichtigste Erkenntnis dieser Arbeit. Eine Handlungsempfehlung lautet daher, städtische (Brach-)Flächen und umnutzbare Hafen- oder Logistikflächen nicht dem freien Immobilienmarkt zu überlassen. Möglich wäre z. B., eine gesonderte „Kreativwirtschaftszone" einzurichten, die die innenstadtnahen Flächen durch städtische Steuerungsmittel vor steigenden Bodenpreisen zu schützen vermag. So wird der Kreativwirtschaft die Ansiedlung erleichtert. Die Fokussierung auf revitalisierte Quartiere im Gegensatz zu Themenimmobilien vermindert auch einen möglichen *Locked-In-Effekt* für die städtischen Investoren und Mieter. Dieser besagt, dass städtische Investoren bei Immobilienprojekten, die „von-Null-auf-Hundert" konzipiert und umgesetzt werden, in den gegebenen Gebäudebedingungen „eingesperrt" sind. So kann z. B. der Nutzungsmix nicht mehr stimmen, für die Immobilie können keine Mieter gefunden werden oder das Flächenvolumen ist für den lokalen Immobilienmarkt zu groß oder zu gering (Absorptionsrate) (vgl. SPARS 2010: 84). Moderat revitalisierte und (hinsichtlich Beheizung und Sanitäranlagen) sanierte Bestandsgebäude sind in der Belegung und Fluktuation flexibler. Sie sind nicht neu in das Stadtgefüge implementiert worden. Mit Themenimmobilien werden Mieten nur für singuläre Sparten der Kreativwirtschaft subventioniert. Für eine Weiterentwicklung der Themenimmobilie ist eine verstärkte Ver-

---

107   Befragt wurden erstmalig 1196 Akteure aus 13 Branchen der Berliner und Brandenburger Kultur- und Kreativwirtschaft per Online-Befragung in dem Zeitraum vom 9. Mai bis 10. Juli 2011.

knüpfung von Probe- und Verwaltungsräumlichkeiten in einem Haus denk-
bar. Die Anzahl der Probe- und Aufführungsräume müsste dafür gegenüber
Büroräumen deutlich aufgestockt werden.[108]

Mit einer Sanierung von Bestandsgebäuden könnte die Stadt Hamburg
jedoch eine nachhaltigere Lösung schaffen und einem heterogenen Kreativ-
wirtschafts-Klientel bestehende (industrielle) Großbauten für eine Bottom-
Up-Entwicklung öffnen. Ob die Ansiedlung von Künstlern und die Sanierung
der Gebäude zwingend Gentrifizierungsprozesse auslösen, muss beobachtet
werden. Die befragten Experten des Oberhafens arbeiten teilweise bereits
zehn Jahre in den Hallen und Räumen des Areals, zu einer Ansiedlung von
Invasoren ist es nicht gekommen. Zudem muss in Zukunft untersucht werden,
welche Auswirkung das Freiwerden weiterer Hallen und Räume durch eine
Abwanderung von Logistikunternehmen für den Oberhafen hat.

7.4 Fazit

Die Befragungen der Künstler des Oberhafens und der Themenimmobilie Karostar ergaben hinsichtlich der Raumangebote und Raumbedürfnisse der Kreativwirtschaft, dass sich alle weiteren Ansprüche zunächst der jeweiligen Höhe
der Miete unterordnen. Eine günstige Beladeinfrastruktur, eine hohe Lärmtoleranz, gut erreichbare überregionale Verkehrsanschlüsse, eine geringe Entfernung zum Wohnort und eine offene, kulturelle Quartiersvielfalt sind weitere
notwendige Raumkriterien, um kreative Arbeit zu ermöglichen. Diese Aspekte
sind in der Kreativwirtschaftsforschung bisher nicht ermittelt und berücksichtigt worden. Die Infrastruktur des Raumes, ein guter Anschluss an den ÖPNV,
Parkmöglichkeiten und die Zusammensetzung der Nachbarn innerhalb eines
Gebäudes sind Raumbedürfnisse, die nicht vernachlässigt werden sollten. Die
bisherige Annahme, dass ein bereits florierendes Kreativquartier mit vielen
Begegnungs- und Vergnügungsorten für die Künstler und die Entwicklung
einer städtischen Kreativwirtschaft unabdingbar ist, konnte in Hamburg widerlegt werden. Kreative zieht es nicht grundsätzlich in die angesagten Viertel.
Kooperationen und Synergien erfolgen eher in der städtischen Planung und

---

108 So wird derzeit eine weitere Themenimmobilie in St. Pauli geplant, die sowohl Räume für
     das Musikmanagement als auch Orchesterproberäume unter einem Dach bereitstellen
     soll. Eine nahe gelegene Bahntrasse mache das Projekt jedoch unattraktiv (informelles
     Gespräch mit einer Mitarbeiterin der Ensemble Resonanz gGmbH vom 09.11.2011).

nicht im realen Nebeneinander. Die Themenimmobilie Karostar fördert und
begünstigt die Entwicklung des Kreativwirtschaftvertriebs. Die Raumansprüche der Produzierenden können dort jedoch nicht vollständig erfüllt werden.
Das Areal des Oberhafens erfüllt die wichtigsten Kriterien, kann von Künstlern jedoch erst optimal genutzt werden, wenn Sanierungsmaßnahmen an den
Heizungs- und Sanitäranlagen vorgenommen wurden. Stadtplaner sollten die
festgestellten Raumansprüche für zukünftige Stadtentwicklungsbestrebungen
berücksichtigen.

Nachwort

Die in dieser Arbeit untersuchten Räume unterliegen einem stetigen Wandel – ein wichtiges Merkmal kreativwirtschaftlicher Raumnutzung.

Seit dem Untersuchungszeitraum im Sommer 2011 ist speziell der Oberhafen immer mehr in den Fokus von Stadtentwicklung, Forschungsseminaren
und Raumnutzungskonzepten gerückt. Anfang 2012 schlossen sich daher einige ansässige Unternehmer zum Oberhafen e.V. zusammen, um ihre Interessen
und Planungsvorstellungen zu artikulieren – dafür organisieren u. a. Künstler,
Stadtplaner, Gastronomen, Gründer, Verbandsvorstände sowie Musiker Infor-
mationsveranstaltungen, Vernissagen und Nachbarschaftsfeste. So nahm der
Verein u. a. kritisch Stellung zum jüngst im Oberhafen veranstalteten Kon-
gress des Art Directors Club.

Auch die Nachfrage nach Themenimmobilien scheint ungebrochen. Ergänzend zu dem Raumangebot für die Musikwirtschaft mit dem Karostar entsteht
derzeit in St. Pauli ein Gründerzentrum für die Entertainmentwirtschaft. Mas-
kenbildner, Schneider oder Videokünstler sollen in Zukunft niedrigschwellige
Raumangebote nutzen können. Dies kann als eine Maßnahme gewertet werden, den Kreativwirtschaftsstandort Hamburg für die Zukunft zu erhalten und
zu stärken.

Ines Höpner-Nottorf
Lüneburg, August 2013

Abbildungs- und Tabellenverzeichnis

Abbildungen

Tabellen

Quellenverzeichnis

Literatur

ANTONIADIS, NIKOLAI (2011): Streichelzoo für Kreative? In: Quartier (14), S. 18-21.

BÄHR, JÜRGEN; JENTSCH, CHRISTOPH; KULS, WOLFGANG (1992): Bevölkerungsgeographie. Berlin: Walter de Gruyter.

BECKER, CARLO W. (2010): Kreativwirtschaft als Chance der Brachflächenreaktivierung. In: Informationen zur Raumentwicklung (1), S. 71-82.

BENZLER, GUIDO; WINK, RÜDIGER (2000): Technologie- und Gründerzentren – Relikt einer ‚old economy'? In: Wirtschaftsdienst – Zeitschrift für Wirtschaftspolitik 80 (7), S. 423-430.

BROERMANN, JOHANNES M. B. (2003): Kulturlandschaftskataster für urbane Räume: Freiflächen. Dargestellt an Beispielen aus Hamburg. Hamburg: J.M.B. Broermann.

BUTTENBERG, LISA (2010): Doityourselfprojekt. Entwicklung Neue Räume für neue Arbeit. Masterthesis. Hamburg: HafenCity Universität Hamburg, Stadtplanung und Stadtentwicklung.

CURRID, ELIZABETH (2007): The Warhol Economy. How Fashion, Art, and Music Drive New York City; with a new preface by the author. Princeton; Oxford: Princeton University Press.

DAVIS, TODD S. (2002): Brownfields. A Comprehensive Guide to Redeveloping Contaminated Property. 2nd ed.. Chicago: Sections of Environment, Energy, and Resources Book Publications Committee.

DÖRFLER, THOMAS (2010): Gentrification in Prenzlauer Berg? Milieuwandel eines Berliner Sozialraums seit 1989. 1. Aufl.. Bielefeld: Transcript.

DÖRFLER, THOMAS (2011): Antinomien des (neuen) Urbanismus. Henri Lefebvre, die HafenCity Hamburg und die Produktion des posturbanen Raumes: eine Forschungsskizze. In: Raumforschung und Raumordnung (69), S. 91-104.

FISCHER, PETER (2003): Erdkunde. 3. akt. Aufl.. Berlin: Cornelsen Scriptor.

FLORIDA, RICHARD (2002): The Rise of the Creative Class. And How It's Transforming Work, Leisure, Community and Everyday Life. New York: Basic Books.

FLORIDA, RICHARD (2005): The Flight of the Creative Class. The New Global Competition for Talent. 1st ed.. New York: HarperCollins.

FUSI, PAOLO (Hg.) (2010): Metamorphose Oberhafen Hamburg. Szenarien und Architekturtypen für eine Wasserkante der Innenstadt. Hamburg: HafenCity Hamburg.

GALLOWAY, SUSAN; DUNLOP, STEWART (2007): A Critique of Definitions of the Cultural and Creative Industries in Public Policy. In: International Journal of Cultural Policy 13 (1), S. 17-31.

GLASZE, GEORG; MATTISSEK, ANNIKA (Hg.) (2009): Handbuch Diskurs und Raum. Theorien und Methoden für die Humangeographie sowie die sozial- und kulturwissenschaftliche Raumforschung. Bielefeld: Transcript.

GRANOVETTER, MARK S. (1973): The Strength of Weak Ties. In: American Journal of Sociology 78 (6), S. 1360-1380.

GROWE, ANNA (2009): Wissensträger und Wissensvernetzung in Metropolregionen. Raumansprüche von Wissensträgern und die Verknüpfung von Politiken. In: Raumforschung und Raumordnung 5 (6), S. 383-394.

HAMBURGER ABENDBLATT (1974): 1 Jahr Neue City von Altona. In: Hamburger Abendblatt 27, 04.10.1974 (231), S. 30.

HARD, GERHARD (2008): Der Spatial Turn, von der Geographie her beobachtet. In: Jörg Döring und Tristan Thielmann (Hg.): Spatial Turn. Das Raumparadigma in den Kultur- und Sozialwissenschaften. Bielefeld: Transcript, S. 263-315.

HAYES, DENNIS (1989): Behind the Silicon Curtain. The Seductions of Work in a Lonely Era. Boston: South End Press.

HEINEBERG, HEINZ (2006): Grundriss allgemeine Geographie: Stadtgeographie. 3. aktl. und erw. Aufl.. Paderborn: Ferdinand Schöningh.

HÖLZL, KERSTIN (2007): Creative Industries in Europe and Austria: Definition and Potential. In: Sanna Karkulehto und Kimmo Laine (Hg.): Call for Creative Futures Conference Proceedings. Oulu: Department of Art Studies and Anthropology, S. 36-51.

JOH, ANDREAS (2006): Kultur- oder „Kreativwirtschaft": Was ist das eigentlich? In: Aus Politik und Zeitgeschichte (34-35), S. 8-16.

KOMPA, REINER; PIDOLL, MICHAEL VON; SCHREIBER, BERND (Hg.) (1997): Flächenrecycling. Inwertsetzung, Bauwürdigkeit, Baureifmachung. Berlin; New York: Springer.

KRÄTKE, STEFAN (2010): ‚Creative Cities' and the Rise of the Dealer Class: A Critique of Richard Florida's Approach to Urban Theory. In: International Journal of Urban and Regional Research 34 (4), S. 835-853.

KRUSE, JAN (2009): Reader „Einführung in die qualitative Interviewforschung". Überarbeitete, korrigierte und umfassend ergänzte Version. Freiburg: Universität Freiburg.

KUNZMANN, KLAUS R. (2006): Kulturwirtschaft und Raumentwicklung. Essay. In: Aus Politik und Zeitgeschichte (34-35), S. 3-7.

LANGE, BASTIAN; BÜRKNER, HANS-JOACHIM (2010): Wertschöpfung in der Kreativwirtschaft. Der Fall der elektronischen Klubmusik. In: Zeitschrift für Wirtschaftsgeographie (1), S. 46-68.

LÄPPLE, DIETER (2006): Städtische Arbeitswelt im Umbruch – zwischen Wissensökonomie und Bildungsarmut. In: Franziska Eichstädt-Bohlig und Sabine Drewes (Hg.): Das neue Gesicht der Stadt. Strategien für die urbane Zukunft im 21. Jahrhundert; Empfehlungen der Fachkommission Stadtentwicklung der Heinrich-Böll-Stiftung. 1. Aufl. Berlin: Heinrich-Böll-Stiftung, S. 19-35.

LÄPPLE, DIETER; MÜCKENBERGER, ULRICH; OSSENBRÜGGE, JÜRGEN (2010): Vorwort: Die Gestaltung der Raum-Zeit-Muster „postfordistischer" Stadtquartiere. Zu diesem Buch. In: Dieter Läpple, Ulrich Mückenberger und Jürgen Ossenbrügge (Hg.): Zeiten und Räume der Stadt. Theorie und Praxis. Opladen [u.a.]: Verlag Barbara Budrich; Budrich, S. 9-23.

LEHMANN, FRANZISKA (2008): Public Space – Public Relations. Großformatige Werbung als ein Beispiel des Umgangs mit öffentlichen Räumen. Dissertation. Band 6. Frankfurt: Societäts-Verlag.

LIEFNER, INGO (2004): Technologie- und Gründerzentren und regionales Wissenspotenzial. Eine empirische Analyse geförderter Unternehmen am Beispiel Niedersachsens. In: Raumforschung und Raumordnung 62 (4-5), S. 290-300.

MERKEL, JANET (2009): Kreativquartiere. Urbane Milieus zwischen Inspiration und Prekarität. 1. Aufl. Berlin: edition sigma.

MIEG, HARALD A.; NÄF, MATTHIAS (2006): Experteninterviews in den Umwelt- und Planungswissenschaften. Eine Einführung und Anleitung. Lengerich: Pabst Science Publishers.

MILLER, TOBY (2004): A View from a Fossil. The New Economy, Creativity and Consumption – Two or Three Things I don't Believe in. In: International Journal of Cultural Studies 55 (7), S. 55-65.

MOLOTCH, HARVEY (2002): Place in Product. In: International Journal of Urban and Regional Research 26 (4), S. 665-686.

MOLOTCH, HARVEY; TRESKON, MARK (2009): Changing Art: SoHo, Chelsea and the Dynamic Geography of Galleries in New York City. In: International Journal of Urban and Regional Research 33 (2), S. 517-541.

OVERMEYER, KLAUS (2010): Kreative Milieus und offene Räume in Hamburg. Unter Mitarbeit von Bastian Lange, Christopher Müller, Guido Spars und Tom Unverzagt. Hamburg: Freie und Hansestadt Hamburg.

PECHLANER, HARALD; LANGE, SANDRA (2009): Von Kultur am Standort zum Standortfaktor Kultur: Wo steht Südtirol? In: Harald Pechlaner, Gerhard Glüher und Sandra Lange (Hg.): Kultur und Kreativität als Standortfaktoren. Bozen: Verl.-Anst. Athesia, S. 83-98.

PIKE, ANDY (2011): Placing Brands and Branding: a socio-spatial biography of Newcastle Brown Ale. In: Transactions of the Institute of British Geographers 36 (2), S. 206-222.

POWER, DOMINIC (2009): Creativity and Innovation in the Scandinavian Design Industry: Designed in Stockholm. In: Andy Pratt (Hg.): Creativity and innovation in the cultural economy. London: Routledge, S. 200-216.

PRATT, ANDY C. (2005): Cultural Industries and Public Policy: An Oxymoron? In: International Journal of Cultural Policy 11 (1), S. 31-44.

PRIES, MARTIN (2006): Vom Hafen zur City – städtebauliche Projekte im Hamburger Hafen. In: Geographische Rundschau 58 (6), S. 22-30.

PRIES, MARTIN (2008): Waterfronts im Wandel: Baltimore und New York. Hamburg: Selbstverl. der geographischen Gesellschaft in Hamburg.

RATZENBÖCK, VERONIKA; KOPF, XENIA; LUNGSTRASS, ANJA (2011): Der Kreativ-Motor für regionale Entwicklung. Kunst- und Kulturprojekte und die EU-Strukturförderung in Österreich. Eine Studie im Auftrag des Bundesministeriums für Unterricht, Kunst und Kultur. Wien: Österreichische Kulturdokumentation. Online verfügbar unter http://www.eu-infothek. com/sites/default/files/documents/kreativmotor.pdf, zuletzt geprüft am: 02.01.2012.

SCHUBERT, DIRK (Hg.) (2007): Hafen- und Uferzonen im Wandel: Analyse und Planung zur Revitalisierung der Waterfront in Hafenstädten. 3. Aufl.. Berlin: Leue.

SCHWARTZ, MICHAEL; HORNYCH, CHRISTOPH (2008): Technologie- und Gründerzentren im Lichte von Diversifizierung versus Spezialisierung. In: IWH-Diskussionspapiere (7), S. 1-34.

SÖNDERMANN, MICHAEL (2010): Monitoring zu ausgewählten wirtschaftlichen Eckdaten der Kultur- und Kreativwirtschaft 2009. Kurzfassung. Forschungsbericht Nr.589. Hg. v. Bundesministerium für Wirtschaft und Technologie. Bundesministerium für Wirtschaft und Technologie. Berlin. Online verfügbar unter http://www.creative.nrw.de/fileadmin/files/downloads/Publikationen/589_BMWI_StudieKuK2009.pdf, zuletzt geprüft am 26.06.2011.

SÖNDERMANN, MICHAEL; BACKES, CHRISTOPH; ARNDT, OLAF; BRÜNINK, DANIEL (2009a): Kultur- und Kreativwirtschaft: Ermittlung der gemeinsamen charakteristischen Definitionselemente der heterogenen Teilbereiche der „Kulturwirtschaft" zur Bestimmung ihrer Perspektiven aus volkswirtschaftlicher Sicht. Hg. v. Bundesministerium für Wirtschaft und Technologie. Bundesministerium für Wirtschaft und Technologie. Köln; Bremen; Berlin. Online verfügbar unter http://www.prognos.com/fileadmin/pdf/publikationsdatenbank/Gesamtwirtschaftliche_Perspektiven_KKwirtschaft_Langfassung.pdf, zuletzt geprüft am 25.06.2011.

SÖNDERMANN, MICHAEL; BACKES, CHRISTOPH; ARNDT OLAF; BRÜNINK, DANIEL (2009b): Gesamtwirtschaftliche Perspektiven der Kultur- und Kreativwirtschaft in Deutschland. Kurzfassung eines Forschungsgutachtens im Auftrag des Bundesministeriums für Wirtschaft und Technologie. Forschungsbericht Nr. 577. Hg. v. Initiative Kultur- & Kreativwirtschaft der Bundesregierung. Bundesministerium für Wirtschaft und Technologie. Berlin (Forschungsberichte). Online verfügbar unter http://kultur-kreativ-

wirtschaft.de/Dateien/KuK/PDF/doku-577-gesamtwirtschaftliche-perspek-
tiven-kultur-und-kreativwirtschaft-kurzfassung,property=pdf,bereich=kuk
,sprache=de,rwb=true.pdf, zuletzt geprüft am 25.06.2011.

SPARS, GUIDO (2010): Standortentwicklung kreativer Milieus. In: Klaus Overmeyer: Kreative Milieus und offene Räume in Hamburg. Unter Mitarbeit
von Bastian Lange, Christopher Müller, Guido Spars und Tom Unverzagt.
Hamburg: Freie und Hansestadt Hamburg, S. 82-87.

VAN HEUR, BAS (2010): Creative Networks and the City. Towards a Cultural
Political Economy of Aesthetic Production. Bielefeld: Transcript.

ZEHNER, KLAUS (2008): Vom maroden Hafen zur glitzernden Nebencity: Die
London Docklands. Eine Bilanz nach drei Jahrzehnten Strukturwandel. In:
Raumforschung und Raumordnung, Vol. 66, Nr. 3, S. 271-280.

Internetquellen

AGENTUR FÜR ARBEIT KÖLN (2009): Einblick in den Arbeitsmarkt Kreativwirtschaft in Köln. Entwicklungen, Chancen und Risiken aus der Sicht
der Arbeitsagentur. URL: http://www.arbeitsagentur.de/Dienststellen/RD-
NRW/Koeln/AA/Zahlen-Daten-Fakten/Strukturdaten/pdf/Arbeitsmarkt-
Kreativwirtschaft.pdf, zuletzt geprüft am 17.11.2011.

BAYRISCHES LANDESAMT FÜR STATISTIK UND DATENVERARBEITUNG (2010):
Sozialversicherungspflichtig beschäftigte Arbeitnehmer in den Gemeinden
Bayerns am 30. Juni 2010. URL: https://www.statistik.bayern.de/veroeffent-
lichungen/download/A6502C%20201000/A6502C%20201000.pdf, zuletzt
geprüft am 15.12.2011.

BAYERISCHER LANDTAG (2001): Interpellation. Entwicklung der Kulturwirtschaft in Bayern. Drucksache 14/7726. Anlage 2: 26. URL: http://www.kul-
turwirtschaft.de/wp-content/uploads/2009/02/kw_by_interpellation1.pdf,
zuletzt geprüft am 22.12.2011.

BUNDESAGENTUR FÜR ARBEIT (2010): Zahlen, Daten und Fakten: Struktur-
daten- und indikatoren. Agentur für Arbeit Stuttgart; Nürnberg, Juli. URL:
http://statistik.arbeitsagentur.de/Statistikdaten/Detail/201006/iiia4/zdf-
sdi/sdi-677-0-pdf.pdf, zuletzt geprüft am 23.11.2011.

CREATIVE FACTORY (2011): Over de CF. URL: http://www.creativefactory.nl/over-de-cf, zuletzt geprüft am 14.10.2011.

FRAPPANT E. V. (2011): Unser Erbe. URL: http://frappant.org/frappant-e-v/die-viktoria-kaserne, zuletzt geprüft am 05.09.2011.

FREIE UND HANSESTADT HAMBURG – BEHÖRDE FÜR KULTUR, SPORT UND MEDIEN – DENKMALSCHUTZAMT HAMBURG (2010): Denkmalliste der Freien und Hansestadt Hamburg. URL: http://www.hamburg.de/contentblob/201404/data/denkmalliste-gesamt.pdf, zuletzt geprüft am 24.10.2011.

GÄNGEVIERTEL E. V. (2012): Das Gängeviertel. URL: http://das-gaengeviertel.info/gaengeviertel.html, zuletzt geprüft am 05.01.2012.

HAMBURGER ABENDBLATT (2009): Vattenfall baut Umspannwerk für die HafenCity. URL: http://www.abendblatt.de/hamburg/article591441/Vattenfall-baut-Umspannwerk-fuer-die-HafenCity.html, zuletzt geprüft am 22.10.2011.

HAMBURG KREATIV GESELLSCHAFT MBH; HAFENCITY HAMBURG GMBH (2011): Rückfragenbeantwortung zum Interessenbekundungsverfahren für kreativwirtschaftliche, kulturelle Nutzungskonzepte. Nutzung einer Fläche in der Güterhalle 3 Oberhafenquartier in der HafenCity Hamburg. URL: http://kreativgesellschaft.org/assets/files/dokubox/370/Oberhafen_Interessenbekundungsverfahren_Unterlagen_.pdf, zuletzt geprüft am 20.12.2011.

HANDELSBLATT (2011): Die besten Lagen von Hamburg. Alle Viertel im Überblick. URL: http://www.handelsblatt.com/finanzen/immobilien/ratgeber-hintergrund/special-entrendviertel/die-besten-lagen-von-hamburg/4211240.html, zuletzt geprüft am 26.10.2011.

IMMONET (2011): Büro im Fruchthof. URL: http://www.immonet.de/hamburg/mitte-hammerbrook-buerohaus-mieten-9558d3245-6.html, zuletzt geprüft am 05.11.2011.

INDUSTRIE- UND HANDELSKAMMER ZU KÖLN (2011): Sozialversicherungspflichtig Beschäftigte am 30.06.2010. URL: http://www.ihk-koeln.de/upload/Beschaeftigte_3827.pdf, zuletzt geprüft am 17.11.2011.

INDUSTRIE- UND HANDELSKAMMER BERLIN (2011): Kultur- und Kreativwirtschaftsindex 2011. Wirtschaftliche Stimmung und Standortbewertung. Eine empirische Untersuchung im Auftrag von: IHK-Berlin, Medienboard Berlin-Brandenburg GmbH, Ministerium für Wirtschaft und Europaangelegenheiten Brandenburg, Senatskanzlei – Kulturelle Angelegenheiten,

Senatsverwaltung für Wirtschaft, Technologie und Frauen/Landesinitiative Projekt Zukunft. Durchführendes Institut: House of Research GmbH. URL: http://www.ihk-berlin.de/linkableblob/1665326/.4./data/Kultur_und_Kreativwirtschaftsindex_2011-data.pdf;jsessionid=56BB41F9AFC7AF91FE9 2E2C8ACB39166.repl2, zuletzt geprüft am 02.01.2012.

IRLER, KLAUS (2010): Neues Quartier für frappant-Künstler. Das Haus der breiten Flure. In: TAZ Online_09.03.2010. URL: http://www.taz.de/!49493/, zuletzt geprüft am 05.09.2011

LANDESHAUPTSTADT DRESDEN (2011a): Kultur- und Kreativwirtschaft in Dresden. Potenziale und Handlungsmöglichkeiten. Studie erstellt von der Prognos AG. URL: http://www.prognos.com/fileadmin/pdf/aktuelles/110615_Kultur-_und_Kreativwirtschaft_Dresden_Langfassung.pdf, zuletzt geprüft am 17.11.2011.

LANDESHAUPTSTADT DRESDEN (2011b): Wirtschaftliche Entwicklung in Dresden. URL: http://www.dresden.de/de/02/06/09/Wirtschaft.php, zuletzt geprüft am 17.11.2011.

LANDESHAUPTSTADT STUTTGART (2009): Erstmals Daten zur Größe der Kreativwirtschaft im Stadtkreis Stuttgart erhoben. URL: http://www.stuttgart.de/item/show/273273/1/9/385094?#, zuletzt geprüft am 17.11.2011.

SCHULZ-OJALA, JAN (2011): Der Norden leuchtet. Tallinn und Turku sind Europas Kulturhauptstädte 2011. Während die Esten auf Geschichte setzen, verschreiben die Finnen Kultur auf Rezept. In: Zeit Online 2011, 19.07.2011. URL: http://www.zeit.de/kultur/2011-07/tallinn-turku-kulturhauptstadt, zuletzt geprüft am 21.07.2011.

SENATSVERWALTUNG FÜR WIRTSCHAFT, TECHNOLOGIE UND FORSCHUNG (2009): Cluster IKT, Medien, Kreativwirtschaft. Auswertung der Wirtschaftsdaten für das Jahr 2009. URL: http://www.berlin.de/sen/wirtschaft/abisz/cluster_kmk.html, zuletzt geprüft am 17.11.2011.

STADTERNEUERUNGS- UND STADTENTWICKLUNGSGESELLSCHAFT STEG HAMBURG MBH (2008): gamecity:Port – Konditionen. URL: http://www.gamecity-port.de/konditionen/index.html, zuletzt geprüft am 05.12.2011.

STADTERNEUERUNGS- UND STADTENTWICKLUNGSGESELLSCHAFT STEG HAMBURG MBH (2011a): Die Fakten: Auf einen Blick. URL: http://karostar.de/Musikhaus/, zuletzt geprüft am 21.08.2011.

Stadterneuerungs- und Stadtentwicklungsgesellschaft steg Hamburg mbH (2011b): Mietflächen und Konditionen. URL http://karostar.de/Mietflaechen-Konditionen/, zuletzt geprüft am 21.08.2011.

Statistisches Bundesamt Deutschland (2011): Beschäftigungsstatistik. Sozialversicherungspflichtig Beschäftigte am Arbeitsort nach Ländern, Vollzeitbeschäftigten, Teilzeitbeschäftigten, Auszubildenden, Deutschen und Ausländern am 31. März 2011 – Insgesamt. URL: http://www.destatis.de/jetspeed/portal/cms/Sites/destatis/Internet/DE/Content/Statistiken/Arbeitsmarkt/Erwerbstaetigkeit/Beschaeftigungsstatistik/Tabellen/Content100/Laenderinsgesamt,templateId=renderPrint.psml, zuletzt geprüft am 15.12.2011.

Kartenquelle

Landesbetrieb Geoinformation und Vermessung Hamburg (2010): Digitale Karte 5 (DK5); Maßstab 1:5000.

Abkürzungsverzeichnis

B	Bundesstraße
BAB	Bundesautobahn
BIP	Bruttoinlandsprodukt
BMWT	Bundesministerium für Wirtschaft und Technologie
EFRE	Europäischer Fonds für regionale Entwicklung
FHH	Freie und Hansestadt Hamburg
GCP	gamecity:Port Hamburg
HKG	Hamburg Kreativ Gesellschaft mbH
LQ	Lokalisationsquotient
ÖPNV	Öffentlicher Personennahverkehr
SoHo	South of Houston Street, Künstlerviertel in New York
STEG	Stadterneuerungs- und Stadtentwicklungs-gesellschaft Hamburg
ü. NN	über Normalnull – lotrechte Höhenangabe über dem Meeresspiegel (Normalnull) nach Angaben des Bundesamtes für Kartographie und Geodäsie

Anhang

Anhang 1: Beitrag der Kultur- und Kreativwirtschaft zur Bruttowertschöpfung im Branchenvergleich 2007

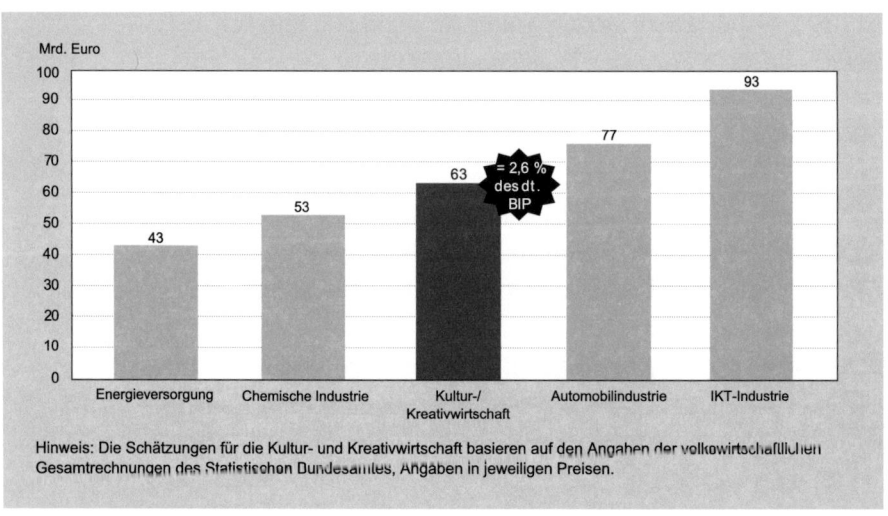

Quelle: *Söndermann 2010: 8*

Anhang 2: Standortbedingungen oder -faktoren privatwirtschaftlicher Einrichtungen des tertiären (und quartären) Sektors

Quelle: Eigene Darstellung, verändert nach Heineberg 2006: 183

Anhang 3: Fragebogen der Experteninterviews

Einleitung

Erstmal vielen Dank, dass Sie sich Zeit für mich genommen haben.

Ich bin Ines Höpner-Nottorf. Ich studiere Angewandte Kulturwissenschaften an der Leuphana Universität Lüneburg, mit dem Schwerpunkt Kulturgeographie. Im Rahmen meiner Magisterarbeit untersuche ich die Ansprüche, die Künstler und Kreative an ihren Arbeitsraum stellen. Hierzu führe ich derzeit Experteninterviews durch [evtl. andere bereits befragte Experten nennen].

Das Interview wird etwa 45 min bis 1 Stunde dauern. Es umfasst 18 Fragen und eine kurze Abschlussbefragung. Zur Durchführung des Interviews möchte ich einige Erläuterungen geben: Weil ich alle Befragten im Prinzip dasselbe fragen muss, mögen Ihnen manche Fragen nicht zu Ihrer speziellen Situation passend erscheinen, ich bitte das im Voraus zu entschuldigen.

Ich würde gerne ein Aufnahmegerät mitlaufen lassen – dies dient rein zur Kontrolle meiner Mitschrift, ist dies OK? Könnte ich außerdem noch ein Foto von Ihnen machen? Auch das dient ausschließlich dem wissenschaftlichen Nachweis.

Ich habe meine Fragen wie folgt gegliedert:
        1) Zuerst einige Fragen zu Ihrer Person
Dann folgen zwei Themenblöcke:
        2) Anspruch an das Gebäude oder den (Arbeits-)Raum
        3) Anspruch an das (soziale) Arbeitsumfeld

Haben Sie noch eine Frage, bevor es los geht?

[Aufnahme starten]

Zur Person

Datum:			
Ort:		Kunstrichtung/Tätigkeit:	
Name:		Organisation/Unternehmen:	
Alter:		Gebäude/Raum:	

Block 1: Angaben zur Biographie der Person

Angaben zu Ihrer Biographie (kurz) (wie Bildungswerdegang und Abschluss, Arbeitsanstellungen, Familienstand):

Ihre künstlerische Laufbahn (kurz) (wichtige realisierte Projekte, Ausstellungen): [wenn die Information ausreicht, mit „Danke" signalisieren]

Informationen über Ihr Unternehmen/Ihre Dienstleistung:

Welche Häuser, Ateliers oder Räumlichkeiten haben Sie bisher genutzt?

Mögen Sie mir Angaben über Ihre Verdiensteinnahmen über das Jahr machen?

Würden Sie sich als selbstständig bzw. Ihr Unternehmen als Kleinunternehmen, Mittelständisches Unternehmen oder Großunternehmen kategorisieren?

[Kommen wir zum zweiten Themenblock]
 eigene Hypothesen vorstellen und kommentieren lassen
 ausreichend Platz zur Beantwortung der Fragen lassen
 eigene Definitionen von Schlüsselbegriffen vorgeben

Block 2: Anspruch an das Gebäude bzw. den Arbeitsraum

Frage 1: Welche Raumgrößen benötigen Sie, um Ihre Kreationen gestalten zu
können?

Frage 2: Was sind entscheidende infrastrukturelle Voraussetzungen im Gebäude, auf die Sie nicht verzichten können?

Frage 3: Welche Gebäudebedingungen führen garantiert zum Misserfolg?

Frage 4: Was war der entscheidende Faktor, diese Räumlichkeiten zu mieten/
nutzen?

Frage 5: Wie hoch sind gerade Ihre Mietkosten?

Frage 6: Stellen Sie sich vor, Sie könnten die Mieter des Gebäudes, in dem Sie
arbeiten, selbst aussuchen? Wie würde eine solche Mietgemeinschaft
aussehen?

Frage 7: Das Karostar ist eine Hamburger Themenimmobilie in St. Pauli. Sie
bietet städtisch geförderte Räume und Büros für Künstler zu günstigen Mietkonditionen. An wen die günstigen Räume vermietet werden, ist v. a. eine städtische Entscheidung bzw. Überlegung der Immo-
bilienverwaltung. Wie bewerten Sie als Künstler dieses Raumangebot?

[Kommen wir zum letzten Themblock]

Block 3: Anspruch an das (soziale) Arbeitsumfeld

Frage 8: Wie weit ist ihr Wohnort von Ihrem (derzeitigen) Arbeitsort entfernt?

Frage 9: Welches Verkehrsmittel nutzen Sie in der Regel, um zu Ihrem Arbeitsraum zu gelangen?

Frage 10: Heute, in Zeiten der Informationstechnologie, in der mobile Arbeit noch besser möglich geworden ist: Ist es für Sie eine Option, ein „home office" zu betreiben? Wenn ja, warum? Wenn nicht, warum nicht?

Frage 11: Wo treffen Sie potenzielle Kunden ihrer Kunst?

Frage 12: Können Sie mir beschreiben, wie in der Regel ein Auftrag zustande kommt?

Frage 13: Wie muss ich mir das Zusammenspiel mit anderen Kreativen hier vorstellen?

Frage 14: Wie bewerten Sie die Situation, dass viele Künstler in Hamburg auf relativ geringem Raum Angebote bieten?

Frage 15: Was zählt in Ihrem urbanen Hamburger Arbeitsumfeld zu unverzichtbaren Orten und Begegnungspunkten?

Frage 16: Wie wichtig ist Ihnen im Stadtteil eine Atmosphäre der Toleranz, Offenheit, und kulturellen Vielfalt? Zum Beispiel auf einer Skala von 1-10.

Frage 17: Inwieweit ist es für Sie eine Option, in einem Stadtteil zu arbeiten und kreativ zu werden, der noch keine sozialen Treffpunkte aufweist, also eine Brachlage ist.

Frage 18: Stellen Sie sich vor, ein befreundeter Künstler sucht Räumlichkeiten für seine Arbeiten und Gestaltungen in Hamburg. Welche Ratschläge würden Sie ihm geben?

[Jetzt komme ich zu einer letzten Abschlussbefragung]

Abschlussbewertung

Bitte bewerten Sie folgende Raumaspekte auf einer Skala von 1-7 nach ihrer Wichtigkeit. Wobei 1 besonders unwichtig und 7 besonders wichtig bedeutet

Aspekte	1	2	3	4	5	6	7
Infrastrukturelle Raumbedingungen (Technik, Größe, Raumhöhe)							
Nachbarn bzw. bestimmtes Klientel im Gebäude							
Mietkosten							
relative Nähe zum Wohnort							
Schnell erreichbare überregionale Verkehrsanschlüsse (z. B. Autobahnanbindung)							
Belebtes Viertel (Bars, Clubs)							
Möglichkeiten für nachhaltigen Konsum (z. B. Bio-Supermärkte mit regionalen Waren)							
Nähe zu Kreativen der gleichen Kunstrichtung							
Schnell erreichbare Naherholungsgebiete (Parks, Seen, grüne Freiflächen, Wasserkante)							

Schluss

Bevor ich schließe, möchte ich gerne wissen, ob aus Ihrer Sicht eine wichtige Frage ungestellt blieb? Ist Ihnen während des Interviews z. B. irgendein offener Punkt aufgefallen, den ich noch beachten sollte?

Vielen Dank für das Interview und die Zeit, die Sie mir zur Verfügung gestellt haben!

Postskript	
Gesprächsatmosphäre: Ort, Stimmung, Verhalten	
Befindlichkeit	
Rapport: Beziehung zwischen den beiden Kommunikanten	
Gesprächsverlauf: Entwicklungsdynamik des gesamten Interviews	
Interaktionen	
Besonderheiten	
Auffallende Themen: Berührte und ausgelassene Thematiken	
Störungen	

Anhang 4: Mieter des Karostar, Stand Nov. 2011

Mieter des Karostar-Musikhauses		
• blOck / art of information.	• UC-TV (Kamera, Schnittplatz und Musik aus einer Hand)	• b 24 Unter dem Dachnamen
• Goldkanal	• Festland Musikverlag	• digital audio service
• Panem et Circenses (Brot und Spiele)	• HANSEPLATTE – Musik von hier	• Viva con Agua de Sankt Pauli e.V.
• Bassist, Musiklabelinhaber	• Hamburger Helden (Markenbildung und Coaching)	• The Sponsor People GmbH
• Daniel Thieme (Bassist)	• Nils Wülker / Ear Treat Music (Jazztrompeter, Komponist & Musikproduzent)	• prototypesound und never give up music-production
• Spampoets	• yoyosonic musice institute	• Formsalon
• Tiefdruck Musik	• Jazzbüro Hamburg e.V	• Neverland Music
• Ensemble Resonanz Orchester	• Audiolith Records – Lars Lewerenz	• Audiopepper GmbH & Co. KG
• Agentur backlight	• FDI Musik	
• Datscha-Projekt	• hitspot music	

Quelle: Eigene Darstellung

Anhang 5: Anlieger des Oberhafens, Stand Nov. 2011

Nutzer der Räume des Oberhafens	
Lagerhallenkomplexe:	
• Wykhoff Spedition	• Transa Spedition
• 3db1 Ereignisarchitektur	• We Can Livemarketing
• Hermes Transporte	• Chamäleon Service
• Living Art	
Kopf- und Zwischenbau:	
• hesse & hallermann	• Thomsen Shoes
• Motorradfoliendesigner	• Druckdesignerin
• Kähler & Kähler	• Kammerkunstverein
Einzelgebäude:	
• Oberhafenkantine Hamburg	• Umspannwerk

Quelle: Eigene Darstellung